汽车钣金技术

主　编　于立辉　赵志明　惠兆旭
副主编　李　喜　张洪波　李东兵　李　鹏
参　编　毕亚峰　马俊艳　武　忠　王　欢
　　　　赵　颖　李起振

北京理工大学出版社
BEIJING INSTITUTE OF TECHNOLOGY PRESS

内 容 简 介

本书以"积极探索教学改革思路，充分考虑区域性特点，提升学生职业素质"的指导思想，采用职教专家、行业一线专家、校教师、出版社编辑"四结合"的编写模式。教材内容的特点是：准确体现职业教育特点（以工作岗位所需的知识和技能为出发点）；理论内容"必需、够用"；实训内容贴合工作一线实际；选图讲究，易懂易学。

本书以现代汽车车身修复工艺为基础，按照汽车钣金修复的实际工艺过程编写，全书共分 8 个项目 24 个学习任务，内容包括防护用品的正确穿戴、手工作业、车身附属总成件更换、整形机作业、二氧化碳气体保护焊作业、电阻点焊作业、车门和车身损伤的修复、车身板件局部变形损伤的修复等内容。按汽车维修企业实际工作过程培养学生的专业能力与职业核心能力。

本书内容取材切合实际，层次分明，简明扼要，体现了当今比较先进的钣金修理工艺水平和发展方向，具有较强的实践性和可操作性，适合作为中高职、技工院校相关汽车类专业教材，亦可作为汽车制造、汽车营销、汽车维修等企业的技术培训教材或自学参考用书。

版权专有　侵权必究

图书在版编目（CIP）数据

汽车钣金技术 / 于立辉，赵志明，惠兆旭主编. —北京：北京理工大学出版社，2019.11（2022.8重印）

ISBN 978-7-5682-1119-2

Ⅰ.①汽…　Ⅱ.①于…②赵…③惠…　Ⅲ.①汽车-钣金工-职业教育-教材　Ⅳ.①U472.4

中国版本图书馆CIP数据核字（2019）第253343号

出版发行 /	北京理工大学出版社有限责任公司
社　　址 /	北京市海淀区中关村南大街5号
邮　　编 /	100081
电　　话 /	（010）68914775（总编室）
	（010）82562903（教材售后服务热线）
	（010）68944723（其他图书服务热线）
网　　址 /	http://www.bitpress.com.cn
经　　销 /	全国各地新华书店
印　　刷 /	河北佳创奇点彩色印刷有限公司
开　　本 /	787毫米×1092毫米　1/16
印　　张 /	13
字　　数 /	305千字
版　　次 /	2019年11月第1版　2022年8月第2次印刷
定　　价 /	44.00元

责任编辑 / 封　雪
文案编辑 / 毛慧佳
责任校对 / 周瑞红
责任印制 / 边心超

图书出现印装质量问题，请拨打售后服务热线，本社负责调换

前言

国发〔2019〕4号《国家职业教育改革实施方案》指出：把职业教育摆在教育改革创新和经济社会发展中更加突出的位置。牢固树立新发展理念，服务建设现代化经济体系和实现更高质量更充分就业需要，对接科技发展趋势和市场需求，完善职业教育和培训体系，优化学校、专业布局，深化办学体制改革和育人机制改革，以促进就业和适应产业发展需求为导向，鼓励和支持社会各界特别是企业积极支持职业教育，着力培养高素质劳动者和技术技能人才。

《国家中长期教育改革和发展规划纲要（2010—2020年）》中提出：大力发展职业教育，把职业教育纳入经济社会发展和产业发展规划，把提高质量作为重点；以服务为宗旨，以就业为导向，推进教育教学改革。实行工学结合、校企合作、顶岗实习的人才培养模式；满足人民群众接受职业教育的需求，满足经济社会对高素质劳动者和技能型人才的需要。

职业教育的发展已作为国家当前教育发展的战略重点之一，但目前学校所使用的教材普遍存在以下几个方面的问题：

- 学生反映难理解，教师反映不好教；
- 企业反映脱离实际，与他们的需求距离很大；
- 不适应新一轮教学改革的需要，汽车车身修复、汽车美容与装潢等专业教材急缺；
- 立体化程度不够，教学资源质量不高，教学方式相对落后。

针对以上问题，我们开发了《汽车钣金技术》教材。

本套教材以"积极探索教学改革思路，充分考虑区域性特点，提升学生职业素质"为指导思想，采用职教专家、行业一线专家、校教师、出版社编辑"四结合"的编写模式。教材内容的特点是：准确体现职业教育特点（以工作岗位所需的知识和技能为出发点）；理论内容"必需、够用"；实训内容贴合工作一线实际；选图讲究，易懂易学。

该套教材将先进的教学内容、教学方法与教学手段有效地结合起来，形成课本、课件和习题集三位一体的立体教学模式。

本书共分为8个项目，内容包括防护用品的正确穿戴、手工作业、车身附属总成件更换、整形机作业、二氧化碳气体保护焊作业、电阻点焊作业、车门和车身损伤的修复、车身板件局部变形损伤的修复。

本书由长春市机械工业学校于立辉、赵志明、惠兆旭担任主编，由长春市机械工业学校李喜、长春之星汽车有限公司张洪波、长春汽车工业高等专科学校李东兵、长春悦迪汽车服务有限公司李鹏担任副主编，参与编写的还有：长春市机械工业学校毕亚峰、马俊艳、武忠、王欢，吉林省经济管理干部学院赵颖，长春汽车工业高等专科学校李起振。

限于编者的经历和水平，书中难免有不妥或错误之处，请广大读者批评指正，提出修改意见和建议，以便再版修订时改正。

编　者

目录

项目一 防护用品的正确穿戴 ... 1
任务　防护用品的正确穿戴 ... 2

项目二 手工作业 ... 9
任务1　手锤顶铁的基础训练 ... 10
任务2　匙形铁的使用 ... 23
任务3　线凿的使用 ... 25
任务4　拉拔锤的使用 ... 29

项目三 车身附属总成件更换 ... 33
任务1　前保险杠的更换 ... 34
任务2　前照灯的更换 ... 40
任务3　车身车门的更换 ... 44
任务4　电动后视镜的更换 ... 59
任务5　车身翼子板的更换 ... 64
任务6　前风窗玻璃的更换 ... 67
任务7　发动机罩及行李箱盖的更换 ... 71

项目四 整形机作业 ... 77
- 任务1 单点拉拔 ... 78
- 任务2 整体拉拔 ... 85
- 任务3 收缩作业 ... 90

项目五 二氧化碳气体保护焊作业 ... 95
- 任务1 对接焊 ... 96
- 任务2 搭接焊 ... 114
- 任务3 塞焊 ... 120

项目六 电阻点焊作业 ... 129
- 任务 电阻点焊作业 ... 130

项目七 车门和车身损伤的修复 ... 147
- 任务1 车门竖向V形损伤修复 ... 148
- 任务2 车门横向V形损伤修复 ... 157
- 任务3 车门车身线复合型损伤修复 ... 162

项目八 车身板件局部变形损伤的修复 ... 169
- 任务1 车身板件局部变形损伤的修复 ... 170
- 任务2 承载式车身结构件的矫正及更换 ... 184

参考文献 ... 200

项目一
防护用品的正确穿戴

▶ 项目导入

　　安全是指不受威胁，没有危险、危害、损失。安全是在人类生产过程中，将系统的运行状态对人类的生命、财产、环境可能产生的损害控制在可接受水平以下的状态。

　　每一个工种都需要安全防护，汽车钣金修理亦是如此。人们要通过防范手段实现汽车钣金的安全作业，首先必须要掌握汽车钣金作业安全用品的选择及穿戴方法。本项目主要介绍钣金作业防护用品的正确穿戴方法。

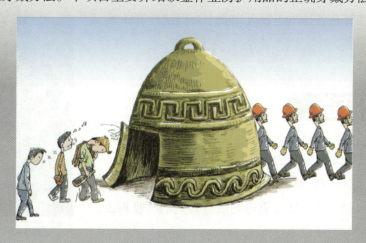

项目一　防护用品的正确穿戴

学习目标

知识目标
（1）了解钣金作业的主要危害。
（2）掌握汽车钣金作业中劳动保护用品的作用。
（3）掌握钣金作业各工序需要选择使用哪些劳动保护用品。
（4）能够描述钣金车间安全作业的注意事项。

技能目标
能够在钣金作业中合理选择并正确穿戴防护用品。

素养目标
（1）了解安全操作要求，重视人员身体安全与防护，养成安全文明操作的习惯。
（2）养成组员之间互相协作的习惯。

项目任务

任务　防护用品的正确穿戴

任务目标

（1）掌握汽车钣金作业中劳动保护用品的作用。
（2）能够在各种汽车钣金作业中合理选择并正确穿戴防护用品。

知识准备

1. 呼吸系统和肺部的防护

在进行钣件焊接与切割等操作时，会产生很多有毒物质，佩戴呼吸器（图1-1）可以防止有毒物质进入人的呼吸系统。

图1-1　佩戴呼吸器

1）呼吸器的类型

呼吸器的类型如图1-2所示。

供气式呼吸器　　　　滤筒式呼吸器　　　　焊接用呼吸器　　　　防尘式呼吸器

图1-2　呼吸器类型

2）呼吸器的测试与保养

呼吸器的密封是非常重要的，它能防止污染的空气进入人的肺部。使用呼吸器前要检查有无空气泄漏，即对呼吸器进行密合性测试（负压和正压的都要检查），一般可用下面的方法进行快速检查。

①负压测试。严密封住滤芯并吸气，当密合性良好时，面罩部分会随着正常呼气从面罩中溢出。

②正压测试。严密封住呼气器出气口并呼气，当密合性良好时，面罩部分会鼓起，而空气不会随着正常呼气从面罩中溢出。

③将烷基醋酸盐靠近面部面罩的密封处，如果未闻到气味，则证明密封良好。

当使用呼吸器感到呼吸困难或达到更换周期时应更换过滤器，一旦闻到溶剂的味道就应更换滤芯。定期检查面罩，确保没有裂纹或变形。呼吸器应保存在气密容器内或塑料自封袋中，以保持清洁。

面部过多的毛发会影响呼吸器的气密性，面部毛发浓密的修理人员应采用供气式呼吸器。

图1-3　佩戴安全帽

2. 头部的防护

车身修理人员在进行修理操作时要佩戴安全帽，以防止灰尘或油污的污染并保持头发的清洁，如图1-3所示。

3. 眼睛和面部的防护

在进行修理操作时，大部分都要求佩戴防护眼镜、风镜、面罩、头盔等眼睛和面部的保护装置，如图1-4所示。

图1-4　焊接时佩戴防护面罩

4. 耳朵的防护

在强噪声场所工作时需要佩戴耳塞或耳罩等耳朵保护装置，如图 1-5 所示。

5. 身体的防护

在车间内应穿着合格的焊接工作服（图 1-6），不能穿着宽松的衣服、未系袖扣的衬衫，也不能领带松垂以及披着衬衫。

6. 手的防护

在焊接时应戴上皮质手套（图 1-7），防止手被融化的金属烧伤。

图 1-5　耳罩　　　　图 1-6　焊接工作服　　　　图 1-7　焊接皮手套

7. 腿、脚的防护

在车间工作时最好穿鞋头有金属片并且防滑的安全鞋。

在焊接时最好穿绝缘鞋，防止触电事故的发生。在腿部和脚部最好有焊接护腿和护脚保护。

操作时有可能跪在地上，时间长了会引起膝盖的损伤，所以最好佩戴护膝。

8. 车间安全生产准则

修理人员在进行车身修理时要遵守以下准则。

（1）掌握信息。在使用各种设备前先要看产品说明书。

（2）佩戴个人防护用品。在打磨、喷砂或处理溶液时，应佩戴头罩、安全眼镜或防尘镜、防尘面具并穿工作服。面具应与皮肤紧密贴合，防止吸入灰尘和微粒。在研磨、打磨或处理溶剂时请勿佩戴隐形眼镜。

（3）在用压缩空气枪吹洗车门侧壁和其他难以清理的地方时，应戴上护目镜和防尘面具。

（4）在金属处理过程中，因金属调理剂中含有磷酸，吸入这种化学物质或其与皮肤、眼睛接触，可引起发炎，因此使用这种材料时，要佩戴安全眼镜、穿工作服、戴橡胶手套及气体呼吸保护器。

（5）防止恶作剧。在工作场地中不允许追逐和打闹，因为工作场地中的许多设备和工具还有气和电的管路、线路都存在潜在危险，可能对人员或物品造成损害。

（6）抬起和搬运物品时，应弯曲膝部而不能弯曲腰部。重物必须使用适当的设备进行提升和移动。

任务实施

（一）作业准备

1. 防护用品的准备

需要准备的防护用品有供气式呼吸器、防尘式呼吸器、焊接用呼吸器、安全帽、防护面罩、耳罩、棉质工作服、焊接工作服、焊接皮手套、安全鞋。

（二）操作步骤

1. 佩戴安全帽

（1）首先检查安全帽的外壳是否破损、有无合格帽衬、帽带是否完好、是否在有效期内。

（2）调整好帽衬顶端与帽壳内顶的间距，一般为 4~5cm。

（3）将帽后调整带按自己的头型调整到适合位置。

（4）将安全帽帽檐朝前戴到头上，如果是长发需将头发盘进安全帽内。

（5）系牢安全帽的下颌带，松紧适度。

2. 佩戴眼镜防护用具

钣金作业要根据对应工序选择合适的护眼用具。应先对工序进行风险评估，了解工序本身的流程、所用的工具设备及其他涉及物质对眼睛的危害种类及严重性，如进行锤击、钻孔、磨削和切削等操作时，可以佩戴防护眼镜，但在进行焊接作业时则必须佩戴带有深色镜片的头盔或护目镜。

3. 佩戴防护耳塞

（1）由于人的外耳道是弯曲的，因此佩戴耳塞时，一只手绕过头后，将耳廓向后及往上拉（将外耳道拉直），然后另一只手将耳塞推进去。

（2）发泡棉式的耳塞应先搓压至细长条状，慢慢塞入外耳道待它膨胀将耳道封住。

4. 佩戴防尘面罩

（1）调整好头带，将面罩放置掌中，将鼻位金属条朝指尖方向，让头带自然垂下，戴上面罩，鼻位金属条部分向上，紧贴面部，头带戴好调校至舒适位置。

（2）将双手指尖沿着鼻梁金属条由中间至两边按压，直至紧贴鼻梁。

（3）进行正压及负压测试。正压测试即双手遮住面罩，大力呼气，如空气从面罩边缘溢出，即佩戴不当，需再次调校头带及鼻梁金属条；负压测试即双手遮住面罩，大力吸气，面罩中央陷下，如有空气从面罩边缘进入，即佩戴不当，需再次调校头带及鼻梁金属条。

5. 佩戴防护手套

（1）必须按手套的防护功能选用防护手套，不能乱用，以免发生意外。

（2）防水、耐酸碱、防化学、防油手套使用前要仔细检查有无破损、老化，若有则不能使用。

（3）橡胶、乳胶、塑料等防护手套使用后应冲洗干净并晾干保存，还应避免高温，并在制品上撒滑石粉以防粘连。

（4）绝缘手套应严格按使用说明使用，并定期检验其电绝缘性能。不符合规定的绝缘手套不能使用。

6. 穿戴安全鞋

（1）选择尺码合适的安全鞋，注意个人卫生，维持脚部及鞋履清洁干爽。

（2）定期清理安全鞋，但不应用溶剂作清洁剂，避免因积聚污垢导致鞋底的导电性或防静电效能减弱。

（3）安全鞋应储存在阴凉、干爽、通风良好的地方。

7. 穿戴防护服

（1）根据对应工序选择合适的防护服。钣金作业需要穿棉质工作服，焊接作业还需要穿焊接工作服。

（2）穿戴前要检查防护服的质量，要重视防护服的使用条件，不可超限度穿用。

（3）焊接防护服等特殊作业的防护服使用完毕后，应进行检查、清洗、晾干并妥善保存，以便下次穿戴。

学习小结

1. 车间安全生产准则

（1）使用各种设备前先应认真学习产品标签或说明书上的使用方法和注意事项。

（2）在打磨、喷砂或处理溶液时，应佩戴头罩、安全眼镜或防尘镜、防尘面具并穿工作服。

（3）在用压缩空气枪吹洗车门的侧壁和其他难以清理的地方时，应戴上护目镜和防尘面具。

（4）在金属加工时要佩戴安全眼镜、橡胶手套及气体呼吸保护器并穿工作服。

（5）在工作场地不允许追逐和打闹。

（6）抬起和搬运物品时，应弯曲膝部而不能弯曲腰部。重物必须使用适当的设备进行提升和移动。

任务评价

操作考核评价表见表1-1。

表1-1 操作考核评价表

考核项目	评分标准	分数	学生自评	小组互评	教师评价	备注
团队合作	是否和谐	5				
活动参与	是否积极主动	5				
任务方案	是否正确、合理	15				
安全生产	有无安全隐患	10				
操作过程	钣金作业防护用品正确穿戴	30				
任务完成情况	是否圆满完成	5				
工具使用情况	是否规范标准	10				
劳动纪律	是否严格遵守	5				
现场"5S"管理	是否做到	10				
工单填写	是否完整、规范	5				
总分		100				
教师签名			年　　月　　日		得分：	

项目二
手工作业

▶ 项目导入

手工技能要从基础抓起。首先应了解各种手工工具的作用、种类、结构等，然后学会选择并规范使用工具，再通过针对性的专业训练逐步积累经验，逐步提高技能。

手工作业是车身维修的传统方法，也是维修技师应该掌握的一项基本技能。

项目二　手工作业

> **学习目标**

知识目标
（1）了解手工工具的种类。
（2）掌握手工矫正工艺的方法。
（3）掌握各种手工工具的使用方法。

技能目标
能够掌握各种手工矫正工艺的方法和技巧。

素养目标
（1）了解安全操作要求，重视人员身体安全与防护，养成安全文明操作的习惯。
（2）养成组员之间互相协作的习惯。

> **项目任务**

任务 1　手锤顶铁的基础训练

> **任务目标**

（1）了解钣金锤、顶铁的种类及特点。
（2）掌握手工工艺矫正工艺和矫正方法。
（3）能够按照正确的工艺流程进行手锤顶铁的基础训练。

> **知识准备**

1. 钣金锤的种类及特点

钣金锤也称榔头，由锤头和锤柄组成，是汽车车身维修的基本工具。根据锤头材料的不同，钣金锤可分为铁锤、木槌、橡胶锤、铝锤等。根据锤头重量的不同，钣金锤可划分为大锤、中锤和小锤。根据锤头的形状，钣金锤可分为圆头锤、方头锤、尖头锤、纵向锤、横向锤、收缩锤等。

1）铁锤

铁锤（图 2-1）只是一种通俗叫法，它一般采用碳素工具钢制成，在车身维修时使用范围相对较广。

2）木槌

木槌重量轻、槌头面积大、材质软，可有效降低劳动强度以及减少实敲作业时钢板的延展，适合于损伤程度相对较重、范围较大的钢板修复。

3）橡胶锤

橡胶锤（图2-2）弹性较大，不会破坏油漆层，但对小的凸起点修平效果不明显。

4）大锤

大锤重量重，主要用于强度较高的结构件的粗修。

5）中锤

中锤重量介于大锤和小锤之间。因其锤面大，打击时可以将力量分散到较大的面积上，主要用于表面钢板的粗修。

6）尖头锤

尖头锤（图2-3）也称镐锤，可以从钢板的内、外侧敲击小的凸凹点，另一侧用于平坦钢板的维修。

7）横向锤、纵向锤

横向锤、纵向锤适用于车身线、凸缘、转角部位的修理，另一侧用于平坦钢板的维修。

8）收缩锤

收缩锤（图2-4）的锤面呈齿状，用于钢板的收缩，另一侧用于平坦钢板的维修。

图2-1 铁锤

图2-2 橡胶锤

图2-3 尖头锤

图2-4 收缩锤

2. 顶铁的种类及特点

顶铁也称垫铁、衬铁，是敲击整形的衬托工具。垫铁的形状较多，大小不一，以配合不同曲面和部位的钢板来使用。顶铁（图2-5）可分为通用型顶铁、逗号顶铁、足尖式顶铁。

通用型顶铁也称轨道式顶铁、万能型顶铁。两侧都具有一定弧度，使用范围较广。

逗号顶铁弯曲的表面适用于钢板高、低区面的修理，前端部位适合于不易触及的狭窄部位的修理。

足尖式顶铁也称平口型顶铁，具有平面和大的曲面，形状大小适当，

图2-5 顶铁的种类

恰好可以用手掌握持。适用于钢板各种曲面的修理，边角位置也可用于车身线的修理。

3. 手工矫正工艺

手工矫正是在平板、钻砧或台虎钳上用锤子等工具，使不合乎形状要求的钣金件达到技术要求所规定的几何形状的工艺。常用的手工矫正法有延展法、扭转法、弯形法和伸张法。

1）延展法

延展法主要用于金属薄板中部凹凸而边缘呈波浪形以及翘曲等变形的情形，如图2-6所示。

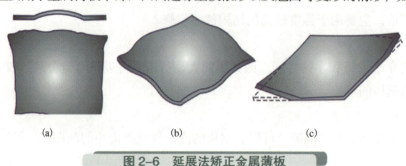

图2-6　延展法矫正金属薄板

（a）中间凸起；（b）边缘呈现浪形；（c）对角翘起

2）扭转法

扭转法是用来矫正条料扭曲变形的，如扁钢或角钢扭曲变形。操作时将条料夹持在台虎钳上，用扳手把条料扭转到原来形状，如图2-7所示。

3）弯形法

弯形法是用来矫正各种弯曲的棒料和在宽度方向上弯曲的条料。直径较小的棒料和薄条料可夹持在台虎钳上用扳手矫正；直径大的棒料和较厚的条料，则用压力机机械矫正，如图2-7所示。

4）伸张法

伸张法是用来矫正各种细长线材的，如图2-8所示。其方法比较简单，只要将线材一头固定，然后从固定处开始将弯曲线材绕圆木一周，再紧捏圆木向后拉，使线材在拉力作用下绕过圆木得到矫直。

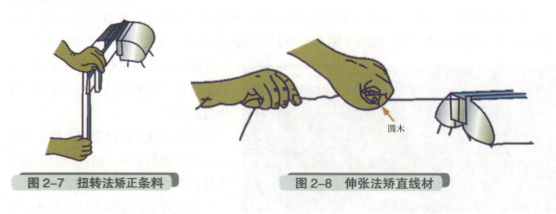

图2-7　扭转法矫正条料　　　　图2-8　伸张法矫直线材

4. 手工矫正方法的步骤

1）凸鼓面的矫正

步骤1：将板料凸面向上放在平台上，左手按住板料，右手握锤。

步骤2：敲击应由板料四周边缘开始，逐渐向凸鼓面中心靠拢，如图2-9所示。

步骤3：板料基本矫正后，再用木槌进行一次调整性敲击，以使整个组织舒展均匀。

2）边缘翘曲的矫正

步骤1：将边缘呈波浪形板料放在平台上，左手按住板料，右手握锤。

步骤2：敲击由板料中间开始，逐渐向四周扩散，如图2-10所示。

步骤3：板料基本矫正后，再用木槌进行一次调整性敲击，以使整个组织舒展均匀。

图2-9　凸鼓面的矫正　　　图2-10　边缘翘曲的矫正

3）对角翘曲的矫正

步骤1：将翘曲板料放在平台上，左手按住板料，右手握锤。

步骤2：先沿着没有翘曲的对角线开始敲击，依次向两侧伸展，使其延伸而矫正，如图2-11所示。

步骤3：板料基本矫正后，再用木槌进行一次调整性敲击，以使整个组织舒展均匀。

4）板料的拍打矫正

若薄板料有微小扭曲，可采用拍板拍打矫正。取长度不小于400mm，宽度不小于40mm，厚度为3~5mm的拍板，在板料上拍打，使板料凸起部分受压缩，张紧部分受拉伸长，从而达到矫正的目的，如图2-12所示。

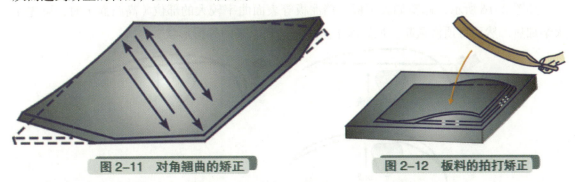

图2-11　对角翘曲的矫正　　　图2-12　板料的拍打矫正

薄板的矫正难度较大。矫正前，要分析并判明薄板的纤维伸长或缩短部位。矫正中，要随时观察板料的形状变化，有针对性地改变锤击点和力度。当板料基本敲平后，再用木槌进行一次调整性敲击,使整个板面纤维舒展均匀。矫正后,用手按板料各处,若不发生弹动,说明板料已与平台贴紧、矫平。

5)曲面凸鼓变形的矫正

如图2-13所示,首先使锤子与顶铁中心对正,然后进行敲击修整。握锤的手不宜过紧,应以手腕的力量敲击。敲击速度在100次/min左右为宜。

6)曲面凹陷变形的矫正

如图2-14所示,顶铁应放在稍偏于锤击处,锤击点为凸凹不平表面的较高部位。这样可使钢板在顶铁与锤击点中间处受到作用力。

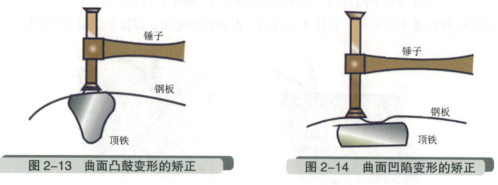

图2-13 曲面凸鼓变形的矫正　　图2-14 曲面凹陷变形的矫正

7)大凹面的矫正

如图2-15所示,首先可用喷灯将凹面中间弯曲部位蓝色的线变成粉红色的炽热状态,在中间部位下侧以顶铁顶起,从而使原来凹陷得到初步复位,然后再用锤和顶铁相互配合将四周变高的部分逐渐敲平,恢复原来的几何形状。

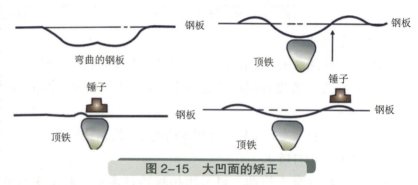

图2-15 大凹面的矫正

8)大曲率表面的矫正

如图2-16所示,修整如翼子板、挡泥板等表面曲率较大的部位(高凸面)时,可先用火焰加热,然后将顶铁顶起,最后锤击敲平,达到原来的外形形状。

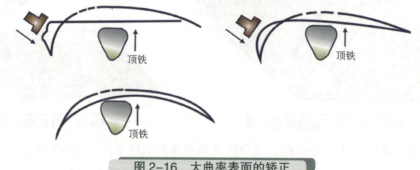

图2-16 大曲率表面的矫正

9）小凹痕的矫正

用鹤嘴锤的尖头把凹陷处从里往外锤平，如图 2-17（a）所示。

将撬棍伸进狭窄的空间，把凹陷撬平。此法一般用来撬平车门、后翼子板和其他封闭式车身板的凹陷，如图 2-17（b）所示。

用凹陷拉拔器将凹陷拉平。主要用于封闭型车身板或从后面无法接近的皱折，如图 2-17（c）所示。

用拉拔杆将凹陷拉平，敲打和拉拔使凸起部降低、凹陷上升，如图 2-17（d）所示。

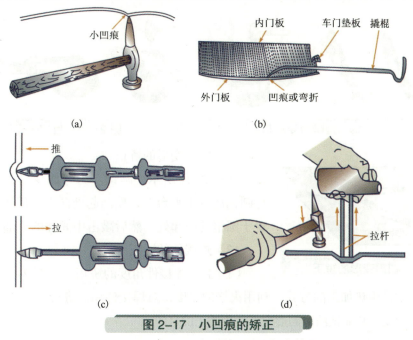

图 2-17 小凹痕的矫正

（a）敲平小凹陷；（b）用撬棍撬平凹陷；（c）拉平小凹陷；（d）用拉拔杆拉平凹陷

10）扁钢扭曲的矫正

步骤 1：将扁钢夹持在台虎钳上。

步骤 2：用扳手夹住扁钢的另一端，用力往扁钢扭曲的反方向扭转。

步骤 3：扭曲变形基本消除后，采用捶击法将其矫正。

步骤 4：捶击时，将扁钢斜置，平整部分搁置在平台上，扭转翘曲的部分伸出在平台外。

步骤 5：用锤子敲击稍离平台外向上翘曲的部分，敲击点离平台的距离约为板料厚度的 2 倍左右，边敲击边将扁钢向平台内移动。

步骤 6：翻转 180° 再进行同样的敲击，直到矫正为止，如图 2-18 所示。

11）角钢的变形与矫正

步骤 1：将外弯角钢和内弯角钢放在圆筒铁砧或带孔的平台上。

步骤 2：对外弯角钢，捶击两直角边的边缘，从边缘往里捶击；对内弯角钢，

图 2-18 扁钢扭曲的矫正

锤击两直角边的根部（图2-19）。

步骤3：将扭曲角钢的一端夹紧在台虎钳上。

步骤4：用扳手夹住角钢另一端的直角边，用力使角钢沿相反的方向扭转，并稍微超过角钢的正常状态（图2-20）。

步骤5：反复几次基本可消除角钢的扭曲变形。

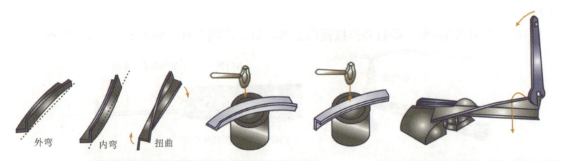

图2-19 角钢的变形与矫正（一）　　图2-20 角钢的变形与矫正（二）

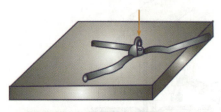

图2-21 圆钢变形的矫正

12）圆钢变形的矫正

如图2-21所示，圆钢多为弯曲变形，其矫直只需将圆钢放置于平台上，使凸起处向上，用适当的中间锤置于圆钢的凸起处，然后敲击中间锤的顶部进行矫正。

13）焊接件的矫正

（1）L形焊接件角度的矫正，如图2-22（a）所示。

矫正方法：采用热加工的方式，利用火焰的温度，对焊接件局部进行加热，在其冷却时，产生新的局部形变，从而抵消旧的形变，达到矫正的目的。

（2）矩形框架的矫正，如图2-22（b）所示。

矫正方法：框架AD与BC边出现双边弯曲现象时，可将框架立于平台上，外弯边AD朝上，BC边两端垫上垫板，锤击凸起点E。如果四边都略有弯曲，可分别向外或向内锤击凸起处。

当尺寸误差不太大时，把框架竖起来，锤击较长一边的端头，使其总长缩短。如∠B和∠D小于90°，采用图2-22（c）所示的方法，锤击B点使其扩展。

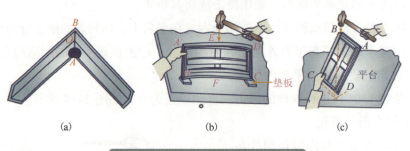

图2-22 焊接件的矫正

（a）L形焊接件角度的矫正；（b），（c）矩形框架的矫正

任务1 手锤顶铁的基础训练

任务实施

（一）作业准备

1. 工具

手锤、垫铁、直尺、记号笔等。

2. 防护用品

工作服、工作鞋、线手套、护目镜、耳塞。

3. 实训器材

左前翼子板、安装架、工作台。

（二）操作步骤

1. 手锤的敲击训练

（1）选择记号笔和直尺在橡胶垫上画出约 300mm 长的白线，如图 2-23 所示。

（2）涂抹凡士林，并用清洁布将其擦拭均匀，如图 2-24 所示。

图 2-23　画白线　　　　图 2-24　涂抹凡士林

（3）戴护目镜、耳罩，如图 2-25 所示。

（4）选择正平锤并检查锤柄、锤面是否正常，检查锤头是否松动，如图 2-26 所示。

图 2-25　戴护目镜、耳罩　　　　图 2-26　检查正平锤

（5）握住锤柄后部约 1/3 处，手锤与手臂保持 120° 角，如图 2-27 所示。使用拇指、食指和小指握住锤柄，中指和食指适当放松，手掌和锤柄留出一定间隙，形成一个灵活的转轴，如图 2-28 所示。

图 2-27 握锤（一）　　图 2-28 握锤（二）

（6）两腿交叉，形成马步站姿，身体前倾以便观察手锤的落点，如图 2-29 所示。
（7）从一侧开始，沿直线往另一侧排敲，如图 2-30 所示。
敲击时，采用腕挥的技巧，肘挥敲击则会增加劳动强度。

图 2-29 站姿　　图 2-30 排敲

⚠ 注意事项

手锤敲击主要有两种方式：
（1）手锤自上而下，垂直打在直线上，注意不能忽快忽慢。
（2）利用敲击时的回弹，手锤沿圆形的运动轨迹进行敲击，落点处有一个滑动动作，以便更好地控制手锤。不管哪种敲击方法，锤击的落点处都应有一个正确的锤痕。敲击过程中注意轻、准等原则，如图 2-31 所示。

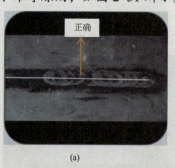 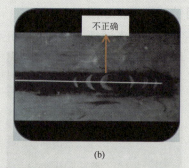

(a)　　(b)

图 2-31

(a) 正确锤痕；(b) 不正确锤痕

（8）在橡胶垫上画出直线，以训练横向锤和纵向锤的使用。
（9）在橡胶垫上间隔 30mm 做出标记，以训练尖头锤的使用，如图 2-32 所示。
（10）摘下护目镜和耳罩，如图 2-33 所示。

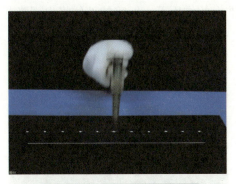

图 2-32　尖头锤训练标记

图 2-33　摘下护目镜和耳罩

2. 木槌、顶铁的使用训练

（1）连接损伤器，制作损伤，如图 2-34 所示。
（2）戴护目镜、耳罩和手套，如图 2-35 所示。

图 2-34　制作损伤

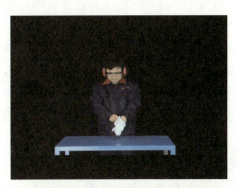

图 2-35　戴护目镜、耳罩和手套

（3）选择木槌，检查槌柄、槌面是否正常，检查槌头是否松动，如图 2-36 所示。
（4）选择顶铁，并检查顶铁表面是否平整，如图 2-37 所示。

图 2-36　检查木槌

图 2-37　检查顶铁

（5）手指与手掌配合从四周握住顶铁，应防止其脱落，若握持方法不正确，将给身体造成伤害，如图 2-38 所示。

（6）使用顶铁弧面中部顶住损伤内侧，如图 2-39 所示。

调整胳膊角度，以便向外侧施加推力。在推力的作用下，凹陷的部位将出现隆起。

图 2-38　手握顶铁

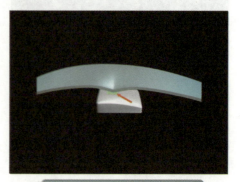

图 2-39　顶铁顶住损伤

⚠ 注意事项

顶铁的弧度应适当小于钢板的弧度，否则会加重钢板的损伤。

（7）保持推力，使用木槌平面的一面进行敲击。敲击时，槌面中心与凹陷中心重合。在作用力与反作用力的影响下，凹陷将逐步恢复，如图 2-40 所示。

（8）将顶铁和手锤归位，摘下耳罩、护目镜和手套。

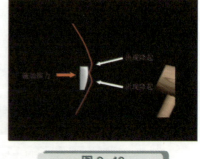

图 2-40

3　铁锤、顶铁的使用训练

（1）连接损伤器，制作损伤，如图 2-41 所示。

（2）选择尖头锤，检查锤柄和锤面是否正常，检查锤头是否松动，如图 2-42 所示。

（3）选择顶铁，并检查表面是否有损伤。

图 2-41　制作损伤

图 2-42　检查尖头锤

（4）使用顶铁一侧端面顶住损伤内侧，如图2-43所示。通过敲击声音，判断顶铁位置。若与顶铁重合则发出的声音比较清脆，反之发出的声音发闷，如图2-44所示。

图2-43 顶住损伤内侧

图2-44 判断顶铁位置

（5）将顶铁用力向外推出。在推力的作用下，凹陷的剩下部位将高于原始表面。采取错位敲击法，敲击周围高点，如图2-45所示。

（6）采取正位敲击法进行精修。正位敲击适用于轻微凸凹部位的修整，如图2-46所示。

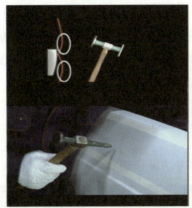

图2-45 错位敲击

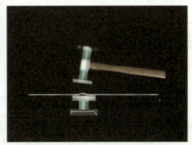

图2-46 正位敲击

⚠️ **注意事项**

错位敲击法（图2-47）：用顶铁顶住低点，敲击周围高点。在作用力与反作用力的影响下，凹陷伤将逐步恢复。

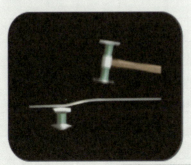

图2-47 错位敲击法

学习小结

1. 钣金锤的种类及特点

钣金锤也称榔头,由锤头和锤柄组成,是汽车车身维修的基本工具。根据锤头材料的不同,钣金锤可分为铁锤、木槌、橡胶锤、铝锤等。根据锤头重量的不同,钣金锤可划分为大锤、中锤和小锤。根据锤头的形状,钣金锤可分为圆头锤、方头锤、尖头锤、纵向锤、横向锤、收缩锤等。

2. 顶铁的种类及特点

顶铁也称垫铁、衬铁,是敲击整形的衬托工具。垫铁的形状较多,大小不一,以配合不同曲面和部位的钢板来使用。顶铁可分为通用型顶铁、逗号顶铁、足尖式顶铁。

3. 手工矫正工艺

手工矫正是在平板、钻砧或台虎钳上用锤子等工具,使不合乎形状要求的钣金件达到技术要求所规定的几何形状的工艺。常用的手工矫正法有延展法、扭转法、弯形法和伸张法。

任务评价

操作考核评价表见表2-1。

表2-1 操作考核评价表

考核项目	评分标准	分数	学生自评	小组互评	教师评价	备注
团队合作	是否和谐	5				
活动参与	是否积极主动	5				
任务方案	是否正确、合理	15				
安全生产	有无安全隐患	10				
操作过程	(1)手锤敲击训练; (2)木槌、顶铁使用训练; (3)铁锤、顶铁使用训练	30				
任务完成情况	是否圆满完成	5				
工具使用情况	是否规范标准	10				
劳动纪律	是否严格遵守	5				
现场"5S"管理	是否做到	10				
工单填写	是否完整、规范	5				
总 分		100				
教师签名			年 月 日		得分:	

任务2　匙形铁的使用

任务目标

（1）了解匙形铁的组成。
（2）了解匙形铁的用途。
（3）能够按照正确的工艺流程进行匙形铁的使用操作。

知识准备

1. 匙形铁

匙形铁也称勺匙、修平刀、撬板，由碳钢材料制成，耐久性较好并能抵抗弯曲和变形。其有各种形状和尺寸，以满足不同部位、形状面板的使用要求。匙形铁可以用在狭小的空间内利用杠杆原理将凹陷撬出，也可以作为垫铁使用。

任务实施

（一）作业准备

1. 工具

匙形铁、垫铁、直尺、记号笔等。

2. 防护用品

工作服、工作鞋、线手套、护目镜、耳塞。

3. 实训器材

左前翼子板、安装架、工作台。

项目二　手工作业

（二）操作步骤

1. 匙形铁使用训练

（1）连接损伤器，制作损伤，如图2-48所示。

（2）安装模拟支架，紧固螺钉，如图2-49所示。

图2-48　制作损伤

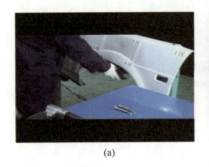
(a)

(b)

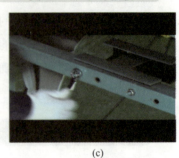
(c)

图2-49　安装模拟支架

（3）选择匙型铁，并检查是否有损伤，如图2-50所示。

（4）判断支点位置。

将匙型铁伸入损伤内侧，试探性地向外侧撬动，以观察受力点位置是否正确。位置确认后，加力将损伤撬出。

也可以在撬出的同时使用手锤进行错位敲击，使损伤恢复。

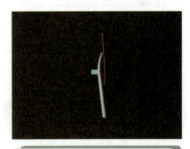

图2-50　检查损伤

> ⚠ **注意事项**
>
> 应适当控制力的大小，若用力过猛将出现较大凸起。对于局部高点，可使用匙形铁的平面部位撬住内侧，采取实敲的方式敲平。

》学习小结《

1. 匙形铁

匙形铁也称勺匙、修平刀、撬板，由碳钢材料制成，耐久性较好并能抵抗弯曲和变形。其有各种形状和尺寸，以满足不同部位、形状面板的使用要求。匙形铁可以用在狭小的空间内利用杠杆原理将凹陷撬出，也可以作为垫铁使用。

2. 匙形铁使用注意事项

应适当控制力的大小，若用力过猛将出现较大凸起。对于局部高点，可使用匙形铁的平面部位撬住内侧，采取实敲的方式敲平。

任务评价

操作考核评价表见表2-2。

表 2-2　操作考核评价表

考核项目	评分标准	分数	学生自评	小组互评	教师评价	备注
团队合作	是否和谐	5				
活动参与	是否积极主动	5				
任务方案	是否正确、合理	15				
安全生产	有无安全隐患	10				
操作过程	匙形铁使用训练	30				
任务完成情况	是否圆满完成	5				
工具使用情况	是否规范标准	10				
劳动纪律	是否严格遵守	5				
现场"5S"管理	是否做到	10				
工单填写	是否完整、规范	5				
总　　分		100				
教师签名		年　　月　　日			得分：	

任务 3　线凿的使用

任务目标

（1）了解线凿的作用和常见类型。
（2）能够按照正确工艺流程进行线凿的使用操作。

知识准备

1. 线凿

线凿（图2-51）也称扁铲、刹印，主要用于车身冲压线的成形和修复，常见的有直线形凿和曲线形凿以及"7"字形线凿等，目前，主要用于车身线的修理。

（1）直线形凿：端面较宽，呈直线状，主要用于平直的车身线修理（图2-52）。

（2）曲线形凿：也称圆线凿，主要用于弯曲车身线的修理。

（3）"7"字形线凿：端面与直线形凿相似，主要用于直线形凿无法触及的车身线修理。

图2-51 线凿

图2-52 直线形凿

任务实施

（一）作业准备

1. 工具

线凿、垫铁、直尺、记号笔等。

2. 防护用品

工作服、工作鞋、线手套、护目镜、耳塞。

3. 实训器材

左前翼子板、安装架、工作台。

（二）操作步骤

1. 线凿使用训练

（1）连接损伤器，制作损伤，如图2-53所示。

（2）选择直线凿，并检查其是否正常。

（3）选择球头锤，检查锤柄、锤面是否正常。

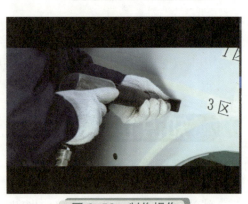

图2-53 制作损伤

检查锤头是否松动。

（4）将直线凿对准车身线内侧，五指紧握锤柄，击打线凿后端，如图2-54所示。

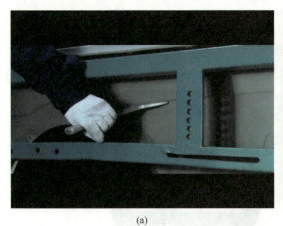
(a)

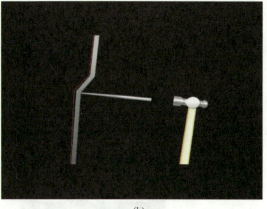
(b)

图2-54 线凿

在冲击力的作用下，车身线将逐渐恢复。检查车身线的恢复程度，如有必要，应再次进行修理。

（5）选择纵向锤，并检查。

（6）选择顶铁，检查是否正常。

（7）将顶铁伸入损伤部位内侧，并用棱角顶住车身线，从外侧修复车身线，如图2-55所示。

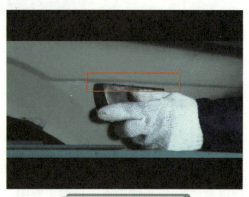

图2-55 顶住车身线

⚠ 注意事项

严禁采用正位敲击的方法修复车身线，否则将加重损伤，如图2-56所示。

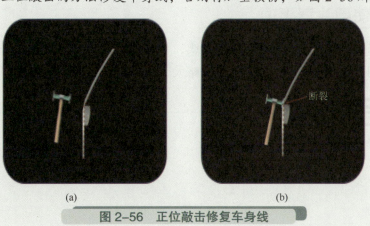

(a)　　　　　　　(b)

图2-56 正位敲击修复车身线

（8）从内侧敲击车身线下部凹陷，再用实敲和虚敲法将损伤修平。

> ⚠ **注意事项**
>
> 从内侧敲击车身线时，手锤锤面的弧度应略大于钢板的弧度，否则将加重钢板的损伤，如图 2-57 所示。

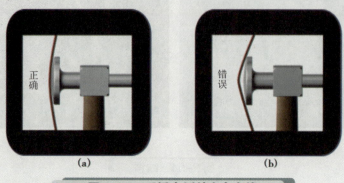

图 2-57　手锤内侧敲击车身线
（a）正确敲法；（b）错误敲法

学习小结

1. 线凿

线凿也称扁铲、剁印，主要用作车身冲压线的成形和修复，常见的有直线形凿和曲线形凿以及"7"字形线凿等，目前主要用于车身线的修理。

（1）直线形凿：端面较宽，呈直线状，主要用于平直的车身线修理。

（2）曲线形凿：也称圆线形凿，主要用于弯曲车身线的修理。

（3）"7"字形线凿：端面与直线凿相似，主要用于直线形凿无法触及的车身线修理。

2. 线凿使用注意事项

（1）严禁采用正位敲击的方法修理车身线，否则将加重损伤。

（2）从内侧敲击时，手锤锤面的弧度应略大于钢板的弧度，否则将加重钢板的损伤。

任务评价

操作考核评价表见表 2-3。

表 2-3 操作考核评价表

考核项目	评分标准	分数	学生自评	小组互评	教师评价	备注
团队合作	是否和谐	5				
活动参与	是否积极主动	5				
任务方案	是否正确、合理	15				
安全生产	有无安全隐患	10				
操作过程	线凿使用训练	30				
任务完成情况	是否圆满完成	5				
工具使用情况	是否规范标准	10				
劳动纪律	是否严格遵守	5				
现场"5S"管理	是否做到	10				
工单填写	是否完整、规范	5				
总　　分		100				
教师签名			年　　月　　日		得分:	

任务 4　拉拔锤的使用

》任务目标《

（1）了解拉拔锤的使用方法和使用范围。
（2）能够按照正确工艺流程进行拉拔锤的使用操作。

》知识准备《

1. 拉拔锤

拉拔锤（图 2-58）也称滑锤、游锤、撞锤。拉拔锤的顶端为螺纹及钩状等形式，拉拔时，通过各种附件将顶端与板件相连，手握锤体沿拉杆向外侧急速滑动，利用惯性力将凹陷拉出。拉拔锤适合于平面、工艺孔、螺丝孔、凸缘等部位的修理。

图 2-58　拉拔锤

任务实施

（一）作业准备

1. 工具

拉拔锤、垫铁、直尺、记号笔等。

2. 防护用品

工作服、工作鞋、线手套、护目镜、耳塞。

3. 实训器材

左前翼子板、安装架、工作台。

（二）操作步骤

1. 拉拔锤使用训练

（1）连接损伤器，制作损伤，如图2-59所示。

（2）选择拉钩，检查是否损伤，如图2-60所示。

图 2-59 制作损伤

图 2-60 检查拉钩

（3）检查是否合适并安装拉钩，如图2-61所示。

（4）勾住车身线内侧进行拉拔，在冲击力的作用下，损伤逐渐恢复，如图2-62所示。

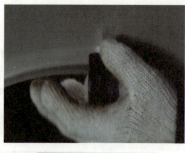
图 2-61 安装拉钩

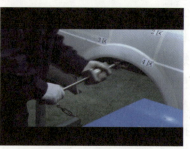
图 2-62 进行拉拔

（5）选择横向锤。检查锤柄、锤面是否正常，检查锤头是否松动。

（6）选择顶铁，检查是否正常。

（7）将顶铁顶入轮辐边缘部位（图2-63），从内侧敲击车身线局部低点及两中压线之间的凹点，如图2-64所示。

图2-63　顶住顶铁

图2-64　敲击车身线

⚠️ **注意事项**

敲击时应适当控制力度。

（8）使用曲面锤敲击上部凹陷。

（9）分别使用顶铁不同的部位顶住损伤内侧。

（10）从外侧将损伤修复，如图2-65所示。

（11）将顶铁顶住凸缘内侧，使用手锤修复损伤，如图2-66所示。

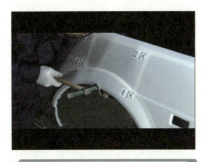
图2-65　从外侧将损伤修复

图2-66　使用手锤修复损伤

学习小结

1. 拉拔锤

拉拔锤也称滑锤、游锤、撞锤。拉拔锤的顶端为螺纹及钩状等形式，拉拔时，通过各种附件将顶端与板件相连，手握锤体沿拉杆向外侧急速滑动，利用惯性力将凹陷拉出。拉拔锤适合于平面、工艺孔、螺丝孔、凸缘等部位的修理。

2. 拉拔锤使用注意事项

敲击时应适当控制力度。

任务评价

操作考核评价表见表2-4。

表2-4 操作考核评价表

考核项目	评分标准	分数	学生自评	小组互评	教师评价	备注
团队合作	是否和谐	5				
活动参与	是否积极主动	5				
任务方案	是否正确、合理	15				
安全生产	有无安全隐患	10				
操作过程	拉拔锤使用训练	30				
任务完成情况	是否圆满完成	5				
工具使用情况	是否规范标准	10				
劳动纪律	是否严格遵守	5				
现场"5S"管理	是否做到	10				
工单填写	是否完整、规范	5				
总 分		100				
教师签名		年　月　日			得分：	

项目三
车身附属总成件更换

项目导入

汽车是由发动机、底盘、电气设备和车身四大部分组成的。其中车身是汽车的基础,也是整车最大的部件。对于汽车钣金维修,车身附件的维修和更换是非常重要的工作。本项目主要介绍车身附属总成件的更换。

项目三 车身附属总成件更换

学习目标

知识目标
(1) 了解车身零部件及其他总附件的组成。
(2) 掌握各种工具的使用方法。
(3) 掌握车身附属总成件更换的方法和技巧。

技能目标
能够掌握车身附属总成件的更换方法和技巧。

素养目标
(1) 了解安全操作要求,重视人员身体安全与防护,养成安全文明操作的习惯。
(2) 养成组员之间互相协作的习惯。

项目任务

任务1 前保险杠的更换

任务目标

(1) 了解车身零部件及其他附件的组成内容。
(2) 掌握保险杠的功用和结构。
(3) 能够按照正确的工艺流程进行前保险杠的更换作业。

知识准备

1. 车身零部件及其他附件

1) 承载式车身主要零件汇总

承载式车身的零件主要是指车身在制造时通过焊接连接起来的各个钣金件,它们被焊接以后形成了承载式车身的骨架。承载式车身主要零部件包括散热器支架、轮罩上板、轮罩、前纵梁、前纵梁加强板、前围板、前罩板、前立柱(A柱)外板、前立柱内板、顶盖、前窗顶板、顶盖横梁、顶盖纵梁外板、顶盖纵梁内板、中柱（B柱）、中柱加强板、门槛外板、门槛内板、门槛加强板、前地板、前横梁、地板横梁、后翼子板、后立柱（C柱）侧围内衬板、轮罩板、轮罩内板、后围板、后横梁、后地板、地板构件、边梁、行李箱地板。

2）车身附件

车身附件是车身中具有独立功能的部件，包括各种锁机构、玻璃升降器、座椅、安全带、内后视镜、外后视镜、刮水器等。

3）汽车装饰件

车身维修中的每一项作业，都会与车身内外装饰件发生关系。内饰件中最重要的部分是显示汽车行驶中各种数据的仪表板、顶篷、座椅、地毯以及车内的各种护板，汽车外装饰件主要有保险杠、前格栅、外部装饰条、防擦条、导流板、遮阳板、商标等。在此强调的是拆装这些装饰件时应使用专用工具小心操作，以免损坏装饰件或者其连接件。

4）前保险杠的功用

前保险杠主要起到保护前车身的作用，但对现代轿车车身而言，还要追求车身造型的和谐统一和自身的轻量化。同时，塑料保险杠还要具有足够的强度和刚性，当汽车发生碰撞时能起到缓冲作用，以保护前车身及乘客安全。

5）前保险杠的结构

前保险杠（图3-1）由外板、缓冲材料和横梁三部分组成。其中外板和缓冲材料用塑料和泡沫制成，横梁（俗称防撞梁）用厚度为1.5mm左右的冷轧薄板冲压成U形槽，少数高档汽车采用铝合金制成。外板和缓冲材料用卡扣等安装在车身附件上，横梁与车身纵梁采用螺栓连接，为维修方便，可以随时拆卸。

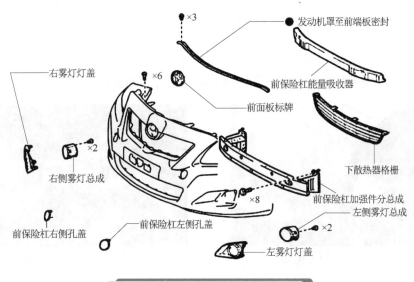

图3-1 前保险杠的结构

6）前保险杠的固定方式

前保险杠的固定位置有多种方式，有由下而上的固定方式，如丰田系列和本田系列；有侧面固定方式，如货车、皮卡车、吉普车等；有发动机舱内侧固定方式，如桑塔纳轿车等；有正面固定方式，如奔驰系列等。

后保险杠一般都采用自下而上的安装方式，也有少数是从侧面固定的，大多是安装在行李箱下面的纵梁上，由左右安装支架上的两个螺钉定位。

任务实施

（一）作业准备

1. 工具

套筒扳手、十字螺丝刀、梅花扳手及开口扳手。

2. 防护用品

工作服、工作鞋、线手套、护目镜、耳塞。

3. 实训器材

故障车一台、安装架、工作台架。

（二）操作步骤

1. 拆卸前保险杠总成

（1）选用十字螺丝刀或适合的工具拆卸前保险杠左、右两侧2个固定卡扣，如图3-2所示。

（2）沿保险杠四周粘贴保护性胶带，防止前保险杠掉落损坏，如图3-3所示。

图3-2 拆卸固定卡扣

图3-3 粘贴保护性胶带

（3）举升车辆至合适的高度，如图3-4所示。

（4）选用10mm套筒和棘轮扳手拆卸前保险杠下部6个固定螺栓，并降下车辆，如图3-5所示。

图3-4 举升车辆

图3-5 拆卸前保险杠下部固定螺栓

(5)选用10mm套筒、棘轮扳手拆卸前保险杠上部2个固定螺栓,如图3-6所示。

(6)选用一字螺丝刀拆卸前保险杠上部3个固定卡扣,如图3-7所示。

图3-6 拆卸前保险杠上部固定螺栓

图3-7 拆卸保险杠上部固定卡扣

(7)选用十字螺丝刀拆卸散热器格栅防护罩的两个固定螺栓,如图3-8所示。

(8)用手脱开左、右两侧前保险杠固定卡爪,如图3-9所示。

图3-8 拆卸散热器格栅防护罩固定螺栓

图3-9 脱开前保险杠固定卡爪

(9)拆卸前保险杠,如图3-10所示。

(10)用手按下左前、右前雾灯线束连接器锁舌,向外拔出连接器,如图3-11所示。

图3-10 拆卸前保险杠

图3-11 拔出连接器

(11)取走前保险杠,并妥善放置。

2. 安装前保险杠总成

(1)将前保险杠放在车辆前,如图3-12所示。

(2)依次连接左前、右前雾灯连接器,确认听到"咔哒"声,以确保连接可靠,如图3-13所示。

(3)安装前保险杠并确认其不会脱落,如图3-14所示。

图3-12 放置前保险杠

图3-13 连接前雾灯连接器

图3-14 安装前保险杠

(4)依次按下左前、右前保险杠卡爪,确保卡爪接合可靠,如图3-15所示。

(5)依次安装保险杠上部固定卡扣,如图3-16所示。

图3-15 按下前保险杠卡爪

图3-16 安装前保险杠卡扣

(6)依次安装并紧固散热器格栅防护罩固定螺栓,如图3-17所示。

(7)安装保险杠上部固定螺栓并紧固,如图3-18所示。

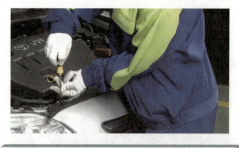

图3-17 安装散热器格栅防护罩固定螺栓

图3-18 安装保险杠上部固定螺栓

(8)依次安装保险杠左右2个固定卡扣,如图3-19所示。

(9)举升车辆,依次安装并紧固保险杠下部6个固定螺栓并降下车辆,如图3-20所示。

图 3-19　安装保险杠固定卡扣　　图 3-20　安装保险杠下部固定螺栓

学习小结

1. 车身附件

车身附件是车身中具有独立功能的部件,包括各种锁机构、玻璃升降器、座椅、安全带、内后视镜、外后视镜、刮水器等。

2. 汽车装饰件

车身维修中的每一项作业,都会与车身内外装饰件发生关系。内饰件中最重要的部分是显示汽车使用中各种数据的仪表板、顶篷、座椅、地毯以及车内的各种护板。汽车外装饰件主要有保险杠、前格栅、外部装饰条、防擦条、导流板、遮阳板、商标等。

3. 前保险杠的功用

前保险杠主要起到保护前车身的作用,但对现代轿车车身而言,还要追求车身造型的和谐统一和自身的轻量化。同时,塑料保险杠还要具有足够的强度和刚性,当汽车发生碰撞时能起到缓冲作用,以保护前车身及乘客安全。

4. 前保险杠的结构

前保险杠由外板、缓冲材料和横梁三部分组成。其中,外板和缓冲材料用塑料和泡沫制成,横梁(俗称防撞梁)用厚度为 1.5mm 左右的冷轧薄板冲压成 U 形槽,少数高档汽车的横梁采用铝合金制成。外板和缓冲材料用卡扣等安装在车身附件上,横梁与车身纵梁采用螺栓连接,为维修方便,可以随时拆卸。

任务评价

操作考核评价表见表 3-1。

表 3-1　操作考核评价表

考核项目	评分标准	分数	学生自评	小组互评	教师评价	备注
团队合作	是否和谐	5				

续表

考核项目	评分标准	分数	学生自评	小组互评	教师评价	备注
活动参与	是否积极主动	5				
任务方案	是否正确、合理	15				
安全生产	有无安全隐患	10				
操作过程	（1）前保险杠的拆卸； （2）前保险杠的安装	30				
任务完成情况	是否圆满完成	5				
工具使用情况	是否规范标准	10				
劳动纪律	是否严格遵守	5				
现场"5S"管理	是否做到	10				
工单填写	是否完整、规范	5				
总　　分		100				
教师签名		年　　月　　日			得分：	

任务 2　前照灯的更换

任务目标

（1）了解前照灯的组成和种类。
（2）简要概括前照灯的功用和对前照灯的基本要求。
（3）能够按照正确的工艺流程进行前照灯的更换作业。

知识准备

1. 前照灯的功用

前照灯主要用于照亮前方道路，并给对面来车提供识别信号，同时还能辅助驾驶员监视路面情况，看清障碍物并及时做出反应，如图 3-21 所示。

2. 前照灯的组成及其类型

前照灯主要由反射镜、配光镜和灯泡组成，如图 3-22

图 3-21　前照灯的功用

所示。反射镜的作用是最大限度地将灯泡发出的光线聚合成强光束,以增加照射距离;配光镜可将反射光束扩散分配,使路段的照明更加均匀;灯泡主要使用两种,即白炽灯泡和卤钨灯泡。

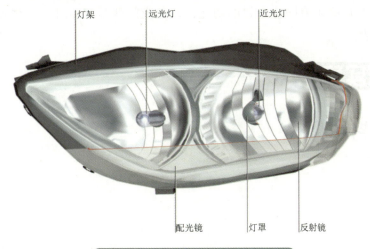

图 3-22　前照灯的组成

前照灯可分为半可拆式和封闭式两种基本类型,如图 3-23 所示。

1)半可拆式前照灯

半可拆式前照灯反射镜边缘的齿簧与配光镜组合,再用箍圈与螺钉安装于灯壳上,如图 3-23(a)所示。灯泡的装拆必须将全部光学组件取出后才能进行。

2)封闭式前照灯

封闭式前照灯又称真空灯。其结构特点是灯丝焊在反射镜底座的灯丝支架上,配光镜和反射镜融合为一体,形成灯泡,再将里面充入惰性气体。封闭式前照灯完全避免了反射镜的污染,所以反射效率高、照明效果好、使用寿命长,但灯丝烧断后需更换整个光学组件,因此成本较高,如图 3-23(b)和图 3-23(c)所示。

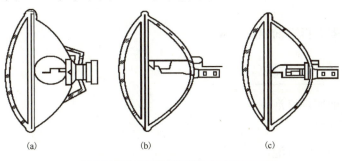

图 3-23　前照灯的基本类型

(a)半可拆式(白炽灯泡);(b)封闭式灯泡;(c)封闭式卤素灯泡

3. 前照灯的基本要求

前照灯的照明效果直接影响着夜间交通安全,其基本要求主要有以下两方面。

首先要求前照灯应能保证车前有明亮而又均匀的照明,且必须具有足够的亮度和照明范围，使驾驶员能看清车前100m内路面上的障碍物。随着汽车行驶速度的提高，对前照灯的照明距离也相应地要求越来越远，现代高速汽车的照明距离已达到200~250m。

其次要求前照灯必须有防止眩目的功能，以免夜间两车交会时，使对面来车驾驶员炫目而造成交通事故。

任务实施

（一）作业准备

1. 工具
常用工具一套。

2. 防护用品
车轮挡块、室内三件套、发动机舱保护垫等。

3. 实训器材
故障车一台、工具车、零件车、标准保洁工具车、垃圾桶等。

（二）操作步骤

1. 拆卸前大灯总成
（1）拆下2个固定螺栓和1个固定螺钉。
（2）脱开卡爪。
（3）断开连接器并拆下前照灯总成。

2. 分解前大灯总成
（1）拆卸2号前照灯灯泡。
（2）拆卸示宽灯灯泡。
（3）拆卸1号前照灯灯泡。
（4）拆卸前转向信号灯灯泡。
（5）拆卸前照灯光束高度调整电动机。
（6）拆卸前照灯支架。

3. 组装前照灯总成
（1）安装前照灯支架。

（2）安装前照灯光束高度调整电动机。
（3）安装前转向信号灯灯泡。
（4）安装1号前照灯灯泡。
（5）安装2号前照灯灯泡。
（6）安装示宽灯灯泡。

4. 安装前照灯总成

（1）按照正确顺序连接连接器，如图3-24所示。
（2）将前照灯总成放入车身固定支架上，使前照灯卡爪与车身固定支架结合。
（3）依次旋入前照灯上部1个固定螺栓和1个固定螺钉，以及侧面1个固定螺栓。
（4）正确使用工具拧紧前照灯2个固定螺栓和1个固定螺钉。

 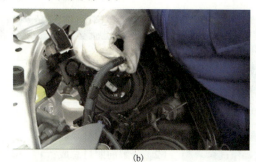

(a) (b)

图3-24 连接连接器

5. 前大灯检测与调整

1）前期准备
（1）将车辆停放至距离仪器1m位置。
（2）清洁仪器、轨道和大灯表面。
（3）选用万用表测量蓄电池电压。
（4）检查悬架是否正常。
（5）检查轮胎气压是否符合规格。
（6）检查车辆是否为空载状态。

2）前大灯检测与调整
（1）打开仪器进行模式选择和模式设置。
（2）车辆参数设置。
（3）起动发动机，打开远光灯，将仪器位置大致对准灯光，进行远光灯自动测量。根据测出的偏差值选用十字螺丝刀对前照灯进行灯光调节（调节到上下左右偏差为零即可）。
（4）以同样的方法调节左侧车灯。
（5）测量完成，将灯光开关旋至"OFF"位置，关闭灯光。
（6）将点火开关旋至"OFF"挡位，关闭发动机。

（7）整理工位。

学习小结

（1）前照灯主要用于照亮前方道路，并给对面来车提供识别信号，同时还能辅助驾驶员监视路面情况，看清障碍物并及时做出反应。

（2）前照灯主要由反射镜、配光镜和灯泡组成。反射镜的作用是最大限度地将灯泡发出的光线聚合成强光束，以增加照射距离；配光镜可将反射光束扩散分配，使路段的照明更加均匀。

任务评价

操作考核评价表见表 3-2。

表 3-2　操作考核评价表

考核项目	评分标准	分数	学生自评	小组互评	教师评价	备注
团队合作	是否和谐	5				
活动参与	是否积极主动	5				
任务方案	是否正确、合理	15				
安全生产	有无安全隐患	10				
操作过程	（1）拆卸前照灯总成； （2）分解前照灯总成； （3）安装前照灯总成	30				
任务完成情况	是否圆满完成	5				
工具使用情况	是否规范标准	10				
劳动纪律	是否严格遵守	5				
现场"5S"管理	是否做到	10				
工单填写	是否完整、规范	5				
总　分		100				
教师签名			年　　月　　日		得分：	

任务 3　车身车门的更换

任务目标

（1）了解车门的功能及种类。

（2）熟练使用车门拆装工具及设备。

（3）能够按照正确的工艺流程进行车身车门的更换作业。

知识准备

1. 车门的功能和结构要求及车门的种类

1)车门的结构要求

车门是车身侧围的重要组成部分,是供乘客或货物进出的必要通道。车门在制造和维修后均需要满足下列要求。

(1)车门开启时应保证乘客上下方便。

(2)车门开启过程中不应与车身其他部位发生位置干扰。

(3)车门关闭后锁止要可靠、安全,保证行车时不会自动打开。

(4)车门机构操纵要方便,包括开关车门自如、玻璃升降轻便等。

(5)应具有良好的密封性能。

(6)具有较大透光面,满足侧向视野的要求。

(7)门体应具有足够的强度和刚度,保证车门工作可靠,减少车门的振动,提高车辆侧向碰撞的安全性能。

(8)有良好的车门制造和装配工艺性。

(9)造型上应与整车协调一致,包括外表面形状、覆盖件的分块、门缝设计和内饰。

2)车门的结构类型及特点

车门有驾驶员门、乘客门和安全门之分。在类型上车门有两种,即包框车门和硬顶车门。

包框车门用金属框架包住车门玻璃的侧面和顶部。这种车门有助于保持车窗玻璃对正,门框抵住车门开口进行密封。现在的车辆一般都采用包框车门。

硬顶车门上的玻璃可以从车门中升出,四周没有框架包裹。玻璃必须依靠自身与车门开口上的密封条进行密封。

车门的结构形式很多,大体可分为旋转门、推拉门、上掀式门、折叠门、外摆式门五种,如图3-25所示。

(1)旋转门按开启方式可分为向前开的顺气门和向后开的逆气门。其特点是顺气门有顺行车气流自动关闭车门的趋势,且便于驾驶员倒车时向后观察,被广泛用于驾驶员门。逆气门一般是为了上、下车方便或适应迎接礼仪的需要才被采用。

(2)推拉门又称水平移动式门。其特点是在车身侧壁与障碍物距离较小的情况下仍能全部开启。商用车乘客门采用较多。

(3)上掀式门广泛用于轿车、轻型商用车、救护车等车的后门。

(4)折叠门主要用于大、

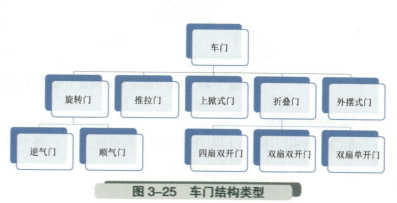

图3-25 车门结构类型

中型客车的乘客门。可分为四扇双开门、双扇双开门、双扇单开门。

（5）外摆式门即门扇开启先向外顶出再向旁边摆开。现在已广泛用于大、中型客车及旅游客车的乘客门上。

2. 车门的安装位置

图3-26所示为2010款爱丽舍轿车的前、后车门，车门是依靠车门前侧两个隐蔽式布置方式的铰链支撑在门框上，并实现车门开闭旋转运动。

图3-26　2010款爱丽舍轿车的前、后车门

3. 车门的主体结构及组成

1）车门的主体结构

2010款爱丽舍轿车前车门的主体结构如图3-27所示。

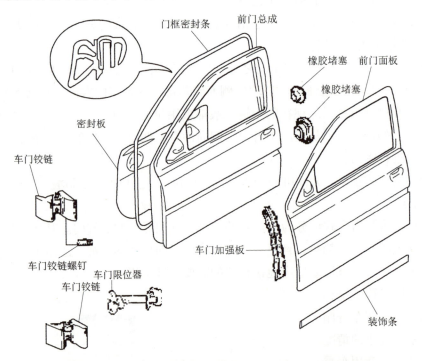

图3-27　2010款爱丽舍轿车前车门的主体结构

2）车门的组成

车门一般由门体、车门附件和内饰盖板组成。图3-28所示为组成车门的主要零部件。

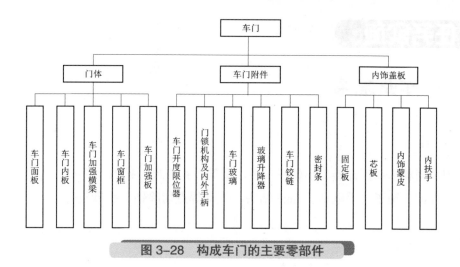

图 3-28 构成车门的主要零部件

4. 车门面板更换的工艺流程

车门面板经检查损坏严重，撞击处加工硬化程度较高，从面板背面修理困难较大，通过敲击或拉拔整形所需时间较长，则可直接更换面板。图 3-29 所示为 2010 款爱丽舍轿车车门面板的更换工艺流程。

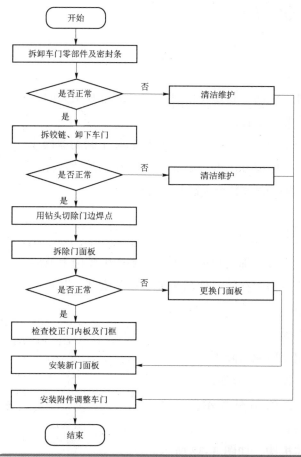

图 3-29 2010 款爱丽舍轿车车门面板的更换工艺流程

任务实施

（一）作业准备

1. 工具

螺丝刀、塑料卡扣拆卸器、小棘轮扳手、套筒、钢直尺、铲刀、手锯、气动切割锯、气动磨削机、样冲、锤子、手电钻、7mm 钻头、气动焊点切除钻、手砂轮等。

2. 防护用品

车轮挡块、室内三件套、干净抹布等。

3. 实训器材

故障车一台、工具车、零件车、标准保洁工具车、垃圾桶等。

（二）操作步骤

1. 准备工作

（1）车辆进入修理工位前，将工位清理干净，准备好相关的工具和材料。

（2）将车辆停驻在修理工位上。

（3）将变速杆置于空挡或驻车挡（P挡）；拉起驻车制动器操作杆。

（4）套上转向盘套、座椅套、变速杆手柄套、驻车制动器操纵杆套，铺设脚垫。

（5）个人防护：操纵前应做好个人防护工作。

2. 拆卸车门面板

损伤的车门面板经检查后确定更换。更换前必须把车门上的所有零部件按一定顺序规范地拆卸，经维护、修理后集中存放，使后续能够顺利安装。其拆卸顺序是：

（1）拆卸外后视镜。

（2）拆卸车门内饰板。

（3）拆卸车门玻璃及玻璃升降器。

①取下玻璃导管，如图 3-30 所示。

②取出车门玻璃，如图 3-31 所示。

③取出玻璃升降器。

（4）拆除车门锁体机构，如图 3-32 所示。

图 3-30 取下玻璃导管

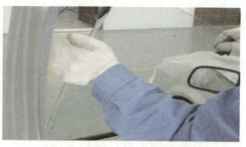
图 3-31 取下车门玻璃

> ⚠️ **注意事项**
>
> 车门附件较多,为了防止在拆卸、修理过程中丢失附件,请准备一个容器,将所拆卸的附件放在容器内。必要时还可贴上标记,便于以后能够顺利安装。

图 3-32 拆除车门锁体机构

(5) 拆卸车门总成。

① 旋开车门插头,如图 3-33 所示。

② 拆卸车门开度限位器,如图 3-34 所示。

图 3-33 旋开车门插头

图 3-34 拆卸车门开度限位器

③ 取出车门开度限位器,如图 3-35 所示。

④ 松动车门,铰链紧固螺钉,如图 3-36 所示。

图 3-35 取出车门开度限位器

图 3-36 铰链紧固螺钉

⑤ 拆卸车门总成,如图 3-37 所示。

⚠ 注意事项

车门拆下前,请用移动式千斤顶支撑车门重量,并在车门和千斤顶之间安放护罩和抹布;也可安排另外一人托住车门,并将其移开,以防止车门突然掉下伤人。

(6)拆卸车门面板。

①车门从车上卸下后,放到工作台上。工作台面需垫上一层橡胶板,以防止划伤车门。仔细检查车门面板的损伤情况,划出切割线,便于切割锯切割,如图3-38所示。

图3-37 拆卸车门总成

图3-38 拆卸车门面板

⚠ 注意事项

再仔细检查面板损伤情况,如面板窗框部分没有损伤,可以用气动切割锯切割保留,如图3-39所示。采取局部更换的工艺方法可以降低操作难度并节省时间。

(a)

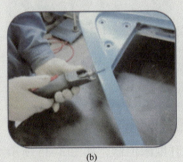
(b)

图3-39 气动切割锯切割

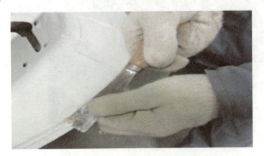
图3-40 铲掉密封黏合剂

②切割完毕后,把车门内面朝上,用铲刀、钢丝刷、气动磨削锯等清除内板和面板卷边接口边缘上的油漆与密封黏合剂。

a. 用铲刀除掉密封黏合剂,如图3-40所示。
b. 用气动磨削机打磨,如图3-41所示。

③在车门内板与面板连接处找出全部原始焊点,并在焊点的中心打样冲眼,去除焊点。

a. 在焊点上打样冲眼，如图 3-42 所示。

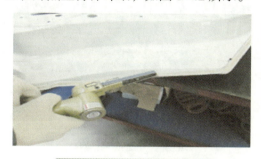
图 3-41 打磨

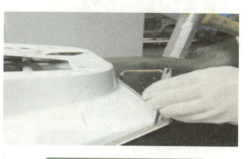
图 3-42 打样冲眼

b. 安装三尖钻头，如图 3-43 所示。

c. 用手电钻切除焊点，如图 3-44 所示。

图 3-43 安装三尖钻头

图 3-44 切除焊点

⚠ 注意事项

为了安全、快速、高质量地使用手电钻切除焊点，必须把麻花钻头刃磨成三尖钻头刃，如图 3-45 所示。在钻孔切割时，一定要准确地切掉焊点，避免产生过大的孔。要限制钻头的进给量，以保证其钻透第一层板料后不会损坏到车门内板的板件。

(a)

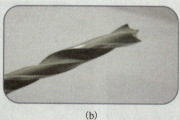
(b)

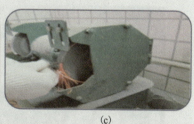
(c)

图 3-45 磨制麻花钻刃成三尖钻头刃
（a）麻花钻；（b）三尖钻头；（c）磨制麻花钻

d. 准备气动焊点切除钻，如图 3-46 所示。

e. 用快速接头连接气管，如图 3-47 所示。

f. 检查气管密封性，如图 3-48 所示。

g. 用气动焊点切除钻清除焊点，如图 3-49 所示。

图 3-46　气动焊点切除钻

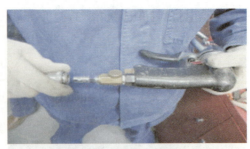

图 3-47　连接气管

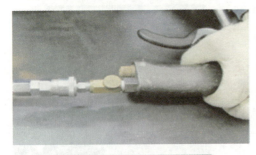

图 3-48　检查气管密封性

图 3-49　清除焊点

> ⚠ **注意事项**
>
> 使用气动焊点切除钻前要根据钢板的厚度调整钻头进给量，避免切割时损伤内面板料。

④拆除车门面板。可采用手砂轮直接磨掉面板凸缘的折边，只需磨掉足够的金属面板就能把凸缘分离出来。

a. 磨掉面板凸缘的折边，如图 3-50 所示。

b. 松开两块面板，如图 3-51 所示。

图 3-50　磨掉折边

图 3-51　松开面板

> ⚠ **注意事项**
>
> 在磨削过程中不要磨削到门框钣件，绝对不能动用焊炬或动力錾子分离面板，否则会造成内板被切割或变形。

（7）在移开车门面板的同时，应仔细检查车门内板和窗框结构是否损坏，如有凹痕和歪曲，可用锤子或顶铁矫正损坏部分。

①敲出损坏的面板，如图3-52所示。

②矫正车门加强板，如图3-53所示。

图3-52　敲出损坏的面板

图3-53　矫正车门加强板

3 安装车门面板

车门窗框和内板经矫正检查合格后，准备安装新面板，安装新面板的具体步骤如下。

1）新车门面板定位及喷涂铁锈处理剂

（1）安装前，在裸露的金属焊缝区域用打磨机把残留的油漆打磨干净，然后吹去铁锈并擦抹干净，再确定折边尺寸，准确对位，最后用大力钳将新面板固定在门框上，如图3-54所示。

（2）将防锈底漆或厂商推荐的其他铁锈处理剂涂在裸露的金属上，导电锌喷剂是厂商推荐的铁锈处理剂中的一种，如图3-55和图3-56所示。

图3-54　用大力钳固定

图3-55　导电锌喷剂

图3-56　喷涂导电锌喷剂

2）车门面板接头处二氧化碳（CO_2）气体保护焊的焊接

对新面板接头部位用CO_2气体保护焊进行焊接。其他焊点可参考相应车型维修信息中的详细说明及原有焊点，确定焊接的正确数量、布置和类型。具体车型的维修数据还会确定哪里需要使用焊接缝密封剂和防腐材料。

（1）CO_2气体保护焊机及焊接参数的调节。

CO_2气体保护焊机和焊接台如图3-57所示。

①打开CO_2气体阀门，如图3-58所示。

图3-57　CO_2气体保护焊机和焊接台

②调节焊接速度,如图3-59所示。

图3-58 打开CO_2气体阀门　　图3-59 调节焊接速度

③调节电弧电压,如图3-60所示。

焊接速度不易过快和过慢,过快易产生咬边、未熔合等缺陷,过慢易产生烧穿焊件和变形增大。一般焊接速度为15~40m/h。

电弧电压必须与电流配合恰当,其大小会影响焊缝的成形、熔深、飞溅、气孔及电弧的稳定性。一般用细丝焊接时,电弧电压为16~24V;用粗丝焊接时,电弧压为25~36V。

CO_2气体的流量应根据焊接电流、焊接速度、焊丝伸出长度、喷嘴直径等进行调整。一般用细丝焊接时为6~15L/mm,用粗丝焊接时为20~30L/mm。

④调节CO_2气体的流量,如图3-61所示。

图3-60 调节电弧电压　　图3-61 调节气体流量

⑤焊机负极连接焊件,如图3-62所示。
⑥涂抹防飞溅喷剂,如图3-63所示。

图3-62 焊机焊件的连接　　图3-63 涂抹防飞溅喷剂

剪掉过长的焊丝。焊丝伸出长度是指从导电嘴到焊丝端头的距离,一般为焊丝直径的10倍,且不超过15mm。

为防止飞溅物黏附在导电嘴上,焊前应在导电嘴内外涂上防飞溅喷剂或硅油。

> ⚠️ **注意事项**
>
> 焊接时要做好安全防护,即穿好帆布工作服、戴好焊工手套,以防止飞溅灼伤。CO_2 气体保护焊不但在焊接中产生烟雾,而且还产生 CO、NO_2 等有害气体,所以应加强焊接场地的通风。

(2)焊接新车门面板接缝,如图 3-64 所示。

(3)焊缝的处理。

①打磨处理焊缝,如图 3-65 所示。

图 3-64　焊接新车门面板接缝　　　图 3-65　打磨处理焊缝

②车身锉如图 3-66 所示,用车身锉锉削处理焊缝,如图 3-67 所示。

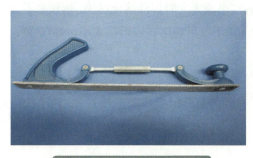

图 3-66　车身锉　　　图 3-67　锉削处理焊缝

3)折边连接

面板焊接和焊缝处理完后,将门内板面朝上平放在工作台上,用锤子和顶铁将面板的凸缘弯曲,用布带覆盖顶铁表面以避免伤及面板。逐渐地弯曲折边。要小心敲打面板边缘,使其不超出基准直线。面板的整个轮廓线不能有弯曲和皱纹。

(1)弯曲折边,如图 3-68 所示。

(2)修整折边处,如图 3-69 所示。

图 3-68 弯曲折边

图 3-69 修整折边处

（3）折边连接，如图 3-70 所示。

4）电阻焊焊接

（1）车门面板与门框通过折边连接后，需要在指定的部位进行电阻焊加固，因为电阻焊加热时间短、热量集中、变形小、速度快、成本低、操作简单并能获得较好的焊接质量。目前常用的电阻焊设备是固定式点焊机，如图 3-71 所示。

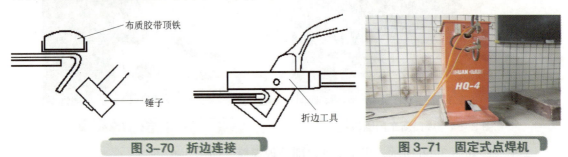

图 3-70 折边连接

图 3-71 固定式点焊机

（2）选择电流时，应控制在 5 000~6 000A。焊接电流太大时焊件熔化过快，熔核来不及形成，导致飞溅产生，引起焊件烧毁；焊接电流过小时，来不及形成熔核或熔核太小，焊点强度低。

①合上电源开关，如图 3-72 所示。

②选择电流大小，如图 3-73 所示。

（3）操作时，人体成站立姿势，面向电极，右脚向前跨出半步踏在开关上，两手扶稳开关。

①找准焊点预压，如图 3-74 所示。

②脚踏开关点焊，如图 3-75 所示。

图 3-72 合上电源开关

图 3-73 选择电流大小

图3-74 找准焊点预压

图3-75 脚踏开关点焊

> ⚠️ **注意事项**
>
> 焊件的清理和焊接电流的选择以及通电时间和压力大小等因素都关系到电阻焊质量的好坏,在操作中要重视。

5)涂抹黏合剂

车门面板安装完毕后,需要在折边的接头处涂上黏合剂。黏合剂一般使用汽车制造商指定的产品,主要是二合一环氧树脂黏合剂(有时也称为焊接黏合剂)。其主要用来增加车身的强度和刚度以及提高焊缝处的防腐能力,并有助于控制噪声和振动。

(1)黏合剂和气动胶枪,如图3-76所示。

(2)开封器顶开黏合剂封盖,如图3-77所示。

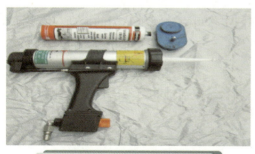
图3-76 黏合剂和气动胶枪

图3-77 顶开黏合剂封盖

(3)取出干燥剂,如图3-78所示。

(4)用开封器顶开黏合剂封口,如图3-79所示。

图3-78 取出干燥剂

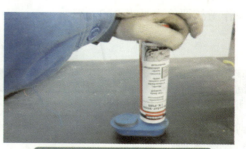
图3-79 顶开黏合剂封口

（5）成60°角切开导向出胶口，如图3-80所示。

（6）调节气体流量大小，如图3-81所示。

（7）涂抹黏合剂，如图3-82所示。

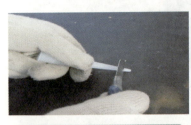 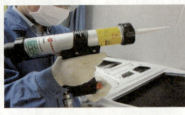 

图3-80 切开导向出胶口　　图3-81 调节气体流量　　图3-82 涂抹黏合剂

学习小结

1. 车门的结构要求

（1）车门开启时应保证乘客上下方便。

（2）车门开启过程中不应与车身其他部位发生位置干扰。

（3）车门关闭后锁止要可靠、安全，保证行车时不会自动打开。

（4）车门机构操纵要方便，包括开关车门自如、玻璃升降轻便等。

（5）应具有良好的密封性能。

（6）具有较大透光面，满足侧向视野的要求。

（7）门体应具有足够的强度和刚度，保证车门工作可靠，减少车门的振动，提高车辆侧向碰撞的安全性能。

（8）有良好的车门制造和装配工艺性。

（9）造型上应与整车协调一致，包括外表面形状、覆盖件的分块、门缝设计和内饰。

2. 车门的分类

车门在结构形式上的分类有旋转门、推拉门、上掀式门、折叠门、外摆式门。

任务评价

操作考核评价表见表3-3。

表3-3 操作考核评价表

考核项目	评分标准	分数	学生自评	小组互评	教师评价	备注
团队合作	是否和谐	5				
活动参与	是否积极主动	5				
任务方案	是否正确、合理	15				

续表

考核项目	评分标准	分数	学生自评	小组互评	教师评价	备注
安全生产	有无安全隐患	10				
操作过程	（1）拆卸车门； （2）安装车门	30				
任务完成情况	是否圆满完成	5				
工具使用情况	是否规范标准	10				
劳动纪律	是否严格遵守	5				
现场"5S"管理	是否做到	10				
工单填写	是否完整、规范	5				
总　　分		100				
教师签名			年　　月　　日		得分：	

任务4　电动后视镜的更换

任务目标

（1）了解电动后视镜的组成与工作原理。
（2）熟悉电动后视镜的常见故障。
（3）能够按照正确的工艺流程进行电动后视镜的更换作业。

知识准备

1. 电动后视镜的组成

电动后视镜是汽车重要的安全部件。若电动后视镜无法调节，将不利于驾驶员观察车辆后方的状况，影响行车安全。电动后视镜的组成如图3-83所示。

2. 电动后视镜的工作原理

电动后视镜的背后装有两套电动机和驱动器，可操纵反射镜上下及左右转动。通常上下方向的转动用一个电动机控制，左右方向的转动用另一个电动机控制。改变电动机的电流方向即可完成后视镜上下及左右的调整。每个电动后视镜都有一个独立控制开关，开关杆可多方向移动，可控制一个电动机单独工作或两个电动机同时工作。电动后视镜的工作原理如图3-84所示。

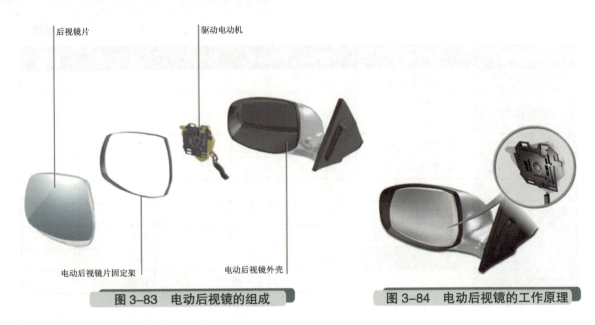

图 3-83　电动后视镜的组成　　　　图 3-84　电动后视镜的工作原理

3. 电动后视镜的常见故障

造成电动后视镜无法调节的主要原因有以下几个。

（1）后视镜电动机电路搭铁不良。后视镜搭铁不良，主要指后视镜的搭铁线连接处有松动或腐蚀。

（2）后视镜开关损坏。后视镜开关是后视镜系统的控制部件。开关的常见故障有触点开关故障和机械故障。若为触点接触不良故障，则需要对开关中电路进行进一步测试。开关机械故障一般为开关插接器断裂等故障。

（3）后视镜电动机损坏。后视镜可以上下左右调节，主要是由后视镜内的两个调节电动机通电之后的运动实现的，所以调节电机的烧坏和损坏会直接影响后视镜是否可以正常调节。一般情况下，若能确定是后视镜电动机问题，则应更换后视镜调节电动机总成。

任务实施

（一）作业准备

1. 工具

万用表一台、常用工具一套。

2. 防护用品

车轮挡块、室内三件套、干净抹布等。

3. 实训器材

故障车一台、工具车、零件车、标准保洁工具车、垃圾桶等。

(二) 操作步骤

1. 拆卸车外后视镜

（1）使用正确的工具断开蓄电池负极电缆。

（2）拆卸前门内把手框。

使用头部缠有保护胶带的螺丝刀，脱开3个卡爪并拆下前门内把手框，卡爪位置如图3-85所示。

（3）拆卸前扶手座上板。

①使用头部缠有保护胶带的螺丝刀，脱开2个卡子和6个卡爪，拆下前扶手座上板，如图3-86所示。

②断开连接器。

（4）拆卸门控灯总成，如图3-87所示。

①使用头部缠有保护胶带的螺丝刀，脱开卡爪并拆下门控灯总成。

②断开连接器。

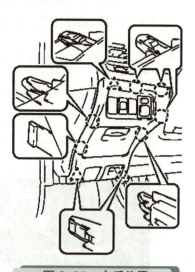

图3-85 卡爪位置

（5）拆卸前门装饰板分总成，如图3-88所示。

①使用头部缠有保护胶带的螺丝刀，脱开卡爪并断开车门扶手盖。

②拆下2个螺钉。

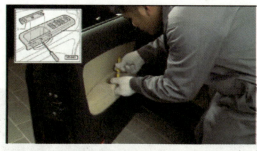

图3-86 拆卸前扶手座上板

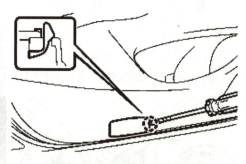

图3-87 拆卸门控灯总成

③使用卡子拆卸工具，脱开9个卡子。

④脱开5个卡爪并从前门玻璃内密封条上分开前门装饰板。

⑤脱开2个卡爪，并断开前门内把手分总成。

（6）拆卸前门下门框支架装饰条，如图3-89所示。

①脱开卡子和卡夹，并拆下前门下门框支架装饰条。

②断开连接器。

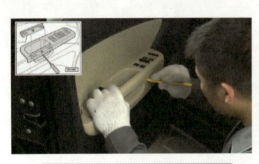
图3-88 拆卸前门装饰板分总成

图3-89 拆卸前门下门框支架装饰条

（7）断开线束连接器，拆下3个固定螺栓，然后拆卸带盖的车外后视镜总成，如图3-90所示。

2. 安装车外后视镜

（1）安装带盖的车外后视镜总成，如图3-91所示。
①接合卡爪，并暂时安装带盖的车外后视镜总成。
②安装3个螺栓，扭矩为9.0N·m。
③连接连接器。

图3-90 拆卸车外后视镜总成　　图3-91 安装车外后视镜总成

（2）安装前门下门框支架装饰条。
①连接连接器。
②接合卡子和卡夹，如图3-92所示，并安装前门下门框支架装饰条。
（3）安装前门装饰板分总成，如图3-93所示。

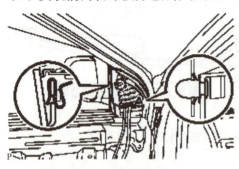
图3-92 接合卡子和卡夹　　图3-93 安装前门装饰板分总成

①用前门玻璃内密封条上的5个卡爪接合前门装饰板。
②接合9个卡子，将前门装饰板安装到前门板上。

③安装2个螺钉。

（4）安装门控灯总成（带门控灯），如图3-94所示。

①连接连接器。

②接合卡爪，安装门控灯总成。

（5）安装前扶手座上板，如图3-95所示。

①连接连接器。

②接合2个卡子和6个卡爪，安装前扶手座上板。

（6）安装前门内把手框，如图3-96所示。

接合3个卡爪，安装前门内把手框。

（7）安装蓄电池负极电缆。

使用正确的工具将电缆连接到蓄电池负极端子。

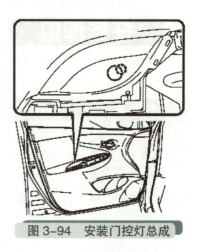

图3-94　安装门控灯总成

图3-95　安装前扶手座上板

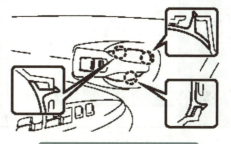

图3-96　安装门内把手框

学习小结

1. 电动后视镜的组成

电动后视镜是汽车重要的安全部件。若电动后视镜无法调节，将不利于驾驶员观察车辆后方的状况，影响行车安全。电动后视镜由镜片、驱动电机、后视镜外壳等部分组成。

2. 电动后视镜的工作原理

电动后视镜的背后装有两套电动机和驱动器，可操纵反射镜上下及左右转动。通常上下方向的转动用一个电动机控制，左右方向的转动用另一个电动机控制。改变电动机的电流方向即可完成后视镜上下及左右的调整。每个电动后视镜都有一个独立控制开关，开关杆可多方向移动，可控制一个电动机单独工作或两个电动机同时工作。

3. 电动后视镜的常见故障

造成电动后视镜无法调节的主要原因有以下几个。

（1）熔断器故障。

（2）后视镜电动机电路搭铁不良。

（3）后视镜开关损坏。

（4）后视镜电动机损坏。

任务评价

操作考核评价表见表3-4。

表3-4 操作考核评价表

考核项目	评分标准	分数	学生自评	小组互评	教师评价	备注
团队合作	是否和谐	5				
活动参与	是否积极主动	5				
任务方案	是否正确、合理	15				
安全生产	有无安全隐患	10				
操作过程	（1）拆卸后视镜； （2）安装后视镜	30				
任务完成情况	是否圆满完成	5				
工具使用情况	是否规范标准	10				
劳动纪律	是否严格遵守	5				
现场"5S"管理	是否做到	10				
工单填写	是否完整、规范	5				
总　　分		100				
教师签名			年　　月　　日		得分：	

任务5　车身翼子板的更换

任务目标

（1）了解车身翼子板的类型和安装位置。
（2）熟悉车身翼子板的结构和功用。
（3）能够按照正确的工艺流程进行车身翼子板的更换作业。

知识准备

1. 车身翼子板的类型

车身翼子板按照安装位置可分为前翼子板（图3-97）和后翼子板。前翼子板安装在前轮处，必须要保证前轮转动及跳动时的最大极限空间；后翼子板没有车轮转动碰擦的问题，但是出于空气动力学的考虑，后翼子板略显拱形弧线并且向外凸出。

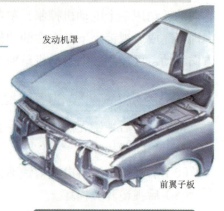

图3-97　前翼子板

2. 车身翼子板的结构

车身翼子板配置在车辆的车轮上方，作为车辆侧面一侧的外板部和加强部由树脂连成一体。

3. 车身翼子板的作用

翼子板的作用是在汽车行驶过程中防止车轮卷起的砂石、泥浆溅到车厢底部，因此，要求翼子板所使用的材料具有耐老化和良好的成型加工性。有些汽车的前翼子板用有一定弹性的塑性材料制成。

任务实施

（一）作业准备

1. 工具

卡子拆卸工具、一字螺丝刀、保险杠支撑架、千斤顶或举升机、常用工具一套。

2. 防护用品

车轮挡块、室内三件套、干净抹布等。

3. 实训器材

故障车一台、工具车、零件车、标准保洁工具车、垃圾桶等。

（二）操作步骤

1. 拆卸左前翼子板

（1）拆卸前保险杠。
（2）拆卸左右前照灯总成，如图3-98所示。
（3）拆卸左前翼子板内衬，如图3-99所示。

图3-98 拆卸前照灯总成

图3-99 拆卸左前翼子板内衬

①拆卸挡泥板固定螺钉。
②拆卸外接板衬块固定螺栓。
③拆下内衬。
（4）拆卸左侧转向信号灯总成，如图3-100所示。
（5）拆卸铭牌。
（6）拆卸刮水器臂端盖，如图3-101所示。
（7）拆卸前翼子板固定螺栓，如图3-102所示。

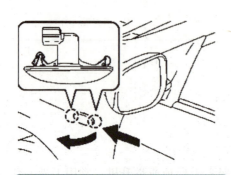

图3-100 拆卸左侧转向信号灯总成

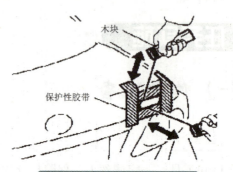

图3-101 拆卸刮器臂端盖

2. 安装左前翼子板

安装顺序和拆卸顺序相反。

学习小结

1. 车身翼子板的类型

车身翼子板按照安装位置可分为前翼子板和后翼子板。前翼子板安装在前轮处，必须要保证前轮转动及跳动时的最大极限空间；后翼子板没有车轮转动碰擦的问题，但是出于空气动力学的考虑，后翼子板略显拱形弧线并且向外凸出。

图3-102 拆卸前翼子板固定螺栓

2. 车身翼子板的结构

车身翼子板配置在车辆的车轮上方，作为车辆侧面一侧的外板，外板部和加强部由树脂连成一体。

3. 车身翼子板的作用

翼子板的作用是在汽车行驶过程中防止车轮卷起的砂石、泥浆溅到车厢底部，因此，要求翼子板所使用的材料具有耐老化和良好的成型加工性。有些汽车的前翼子板用有一定弹性的塑性材料制成。

任务评价

操作考核评价表见表 3-5。

表 3-5 操作考核评价表

考核项目	评分标准	分数	学生自评	小组互评	教师评价	备注
团队合作	是否和谐	5				
活动参与	是否积极主动	5				
任务方案	是否正确、合理	15				
安全生产	有无安全隐患	10				
操作过程	（1）拆卸左前翼子板； （2）安装左前翼子板	30				
任务完成情况	是否圆满完成	5				
工具使用情况	是否规范标准	10				
劳动纪律	是否严格遵守	5				
现场"5S"管理	是否做到	10				
工单填写	是否完整、规范	5				
总分		100				
教师签名			年　月　日		得分：	

任务 6　前风窗玻璃的更换

任务目标

（1）了解前风窗玻璃的作用及固定方法。
（2）熟悉用黏合剂固定的前风窗玻璃的拆除方法。
（3）能够按照正确的工艺流程进行前风窗玻璃的更换作业。

知识准备

1. 前风窗玻璃的作用

前风窗玻璃是指汽车前部用于挡风以及给驾驶员提供清晰视野的安全玻璃。

前风窗玻璃能保证驾驶员视野开阔、有良好的能见度，遇到碰撞、飞石等情况时玻璃破碎但不伤人，能挡风、遮雨、密闭、采光，并起到了构成车身外形和装饰外观的作用。

2. 前风窗玻璃的固定方法

前风窗玻璃和后风窗玻璃的固定方法相同，根据固定玻璃时使用的材料不同，风窗玻璃常用固定方法有橡胶密封条镶嵌法与黏合剂固定法两种。

橡胶密封条镶嵌法主要是靠橡胶密封条将风窗玻璃镶嵌在风窗窗框的止口上。

黏合剂固定法就是利用黏合剂来固定风窗玻璃。

3. 用黏合剂固定的风窗玻璃的拆除方法

用黏合剂固定的风窗玻璃的拆除方法分为局部切除和完全切除两种。

局部切除是利用未受损且厚度足够的黏合剂作涂抹新黏合剂的基底，而对不能利用的部分黏合剂给予切除。

完全切除就是将原有的都不能利用的黏合剂进行全部清除。

决定使用哪种方法要视玻璃拆卸后原有的黏合剂断面情况而定。

任务实施

（一）作业准备

1. 工具

小铲刀、玻璃胶枪、翼子板护垫、仪表台保护垫、扳手、螺丝刀、卡扣拆卸工具、常用工具一套。

2. 防护用品

车轮挡块、室内三件套、干净抹布等。

3. 实训器材

故障车一台、工具车、零件车、标准保洁工具车、垃圾桶等。

（二）操作步骤

1. 拆卸前风窗玻璃相关附件

（1）拆卸刮水器臂 2 个端盖。

（2）拆卸刮水器总成，如图3-103所示。
（3）拆卸前围板左通风栅板，如图3-104所示。

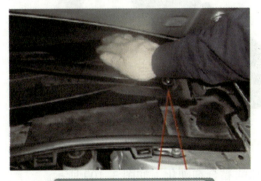

图3-103　拆卸刮水器总成

图3-104　拆卸前围板左通风栅板

2. 拆卸驾驶室相关附件

（1）拆下前立柱左侧装饰板。
（2）拆卸车内后视镜，如图3-105所示。

3. 拆卸前风窗玻璃

（1）切开防护条。
（2）将钢丝穿过车身和前风窗玻璃，如图3-106所示。
（3）卸下要更换的前风窗玻璃。

图3-105　拆卸车内后视镜

图3-106　将钢丝穿过车身和前风窗玻璃

4. 清理

（1）清理玻璃渣。
（2）清理残留玻璃胶。
（3）用除油剂清洁玻璃框，如图3-107所示。

5. 安装前风窗玻璃

（1）妥善摆放玻璃，避免刮花。
（2）清洁玻璃外边缘，如图3-108所示。

图 3-107　用除油剂清洁玻璃框

图 3-108　清洁玻璃外边缘

（3）安装外防护条。

（4）用保护性胶带固定风窗玻璃，直到涂抹的黏合剂硬化，如图 3-109 所示。

（5）按照与拆卸相反的顺序安装前风窗玻璃，如图 3-110 所示。

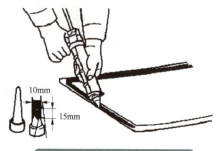
图 3-109　涂抹黏合剂

图 3-110　安装前风窗玻璃

学习小结

1. 前风窗玻璃的作用

风窗玻璃能保证驾驶员视野开阔、有良好的能见度，遇到碰撞、飞石等情况时玻璃破碎但不伤人，能挡风、遮雨、密闭、采光，并起到了构成车身外形和装饰外观的作用。

2. 前风窗玻璃的固定方法

前风窗玻璃和后风窗玻璃的固定方法相同，根据固定玻璃时使用的材料不同，风窗玻璃常用的固定方法有橡胶密封条镶嵌法与黏合剂固定法两种。

3. 用黏合剂固定的风窗玻璃的拆除方法

用黏合剂固定的风窗玻璃的拆除方法分为局部切除和完全切除两种。决定使用哪种方法要视玻璃拆卸后原有的黏合剂断面情况而定。

任务评价

操作考核评价表见表 3-6。

表 3-6　操作考核评价表

考核项目	评分标准	分数	学生自评	小组互评	教师评价	备注
团队合作	是否和谐	5				
活动参与	是否积极主动	5				
任务方案	是否正确、合理	15				
安全生产	有无安全隐患	10				
操作过程	（1）拆卸前风窗玻璃； （2）安装前风窗玻璃	30				
任务完成情况	是否圆满完成	5				
工具使用情况	是否规范标准	10				
劳动纪律	是否严格遵守	5				
现场"5S"管理	是否做到	10				
工单填写	是否完整、规范	5				
总　　分		100				
教师签名			年　　月　　日		得分：	

任务 7　发动机罩及行李箱盖的更换

任务目标

（1）了解发动机罩的组成和作用。
（2）熟悉行李箱盖的结构、作用和设计要求。
（3）能够按照正确的工艺流程进行发动机盖和行李箱盖的更换作业。

知识准备

1. 发动机罩的组成

发动机罩位于前风窗玻璃前方，其总成在结构上一般由外板和内板组成，中间夹以隔热材料。内板起到增强刚性的作用，其几何形状由厂家选取，基本上是骨架形式。

2. 发动机罩的作用

1）空气导流作用

发动机罩外形可有效调整空气相对汽车运动时的流动方向和对车产生的阻碍力作用，减小气流对车的影响。通过导流降低空气阻力系数，提高燃油经济性，可产生相当可观的经济效益。

2）保护作用

发动机罩能保护发动机及周边管线配件。

通过提高发动机罩的强度和构造，可充分防止因冲击、腐蚀、雨水及电干扰等造成的不良影响，给车辆的正常工作提供充分的保证。

3. 行李箱盖的基本介绍

行李箱盖是汽车车身结构中相对独立的总成，是供乘员取放行李、工具及其他备用物品的必要通道。其基本形状及在车身上的位置如图3-111所示。行李箱盖主要由行李箱盖焊接总成和行李箱附件（开启机构、锁、密封条等）组成。

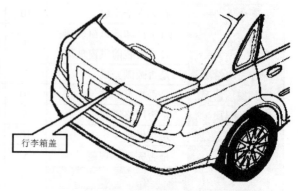

图3-111 行车箱盖的位置

行李箱盖作为汽车的组成部分，是车身尾部最富变化和最受人关注的部分。一方面，行李箱盖作为车身结构中的重要组成部分，其造型风格、强度、刚度、可靠性及工艺性等必须满足车身整体性能的要求；另一方面，行李箱盖结构自身的视野性、安全性、密封性等性能，既对整个车身的结构性能产生较大影响，也是行李箱盖功能要求的重要部分。

4. 行李箱盖的设计需求

（1）从使用方便性来看，要求行李箱盖开关灵活、轻便、自如，在最大开度时能可靠限位，同时开度应足够，以确保取放物品的方便性。

（2）从视野性来看，要求行李箱盖外板上表面的高度（或扰流板高度）不得影响内后视野的下视线。

（3）从可靠性安全性来看，要求行李箱盖有足够的强度、刚度，不允许因变形而影响行李箱开关的可靠性，行李箱盖开关时不允许有振动噪声，并且部件性能可靠、不互相干涉，碰撞中行李箱不允许自行打开，以确保物品的安全。

（4）从密封性来看，要求雨、雪、尘不能进入行李箱内，应具备良好的气密封性。

（5）从工艺性维修性来看，要求易于生产制造，拆装方便。

任务实施

（一）作业准备

1. 工具

小铲刀、玻璃胶枪、翼子板护垫、仪表台保护垫、扳手、螺丝刀、卡扣拆卸工具、常用工具一套。

2. 防护用品

车轮挡块、室内三件套、干净抹布等。

3. 实训器材

故障车一台、工具车、零件车、标准保洁工具车、垃圾桶等。

(二) 操作步骤

1. 发动机盖的更换

操作步骤以2007款卡罗拉轿车为例。

(1) 拆卸发动机盖。

①拆卸发动机盖护板卡子：脱开2个卡爪，拆卸发动机盖护板卡子，如图3-112所示。

②拆卸发动机盖隔垫（带发动机盖隔垫）：用卡子拆卸工具拆下7个卡子和发动机盖隔垫，如图3-113所示。

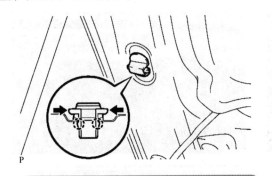

图3-112 拆卸发动机盖护板卡子

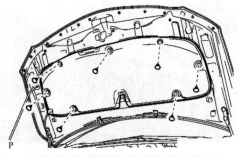

图3-113 拆卸发动机盖隔垫

③拆卸清洗器喷嘴分总成。

④断开清洗器软管总成，如图3-114所示。

(2) 安装发动机盖。

①连接清洗器软管总成。

②调整清洗器喷嘴分总成。

③安装清洗器喷嘴分总成。

④安装发动机盖隔垫：用7个卡子安装发动机盖隔垫。

⑤安装发动机盖护板卡子：接合2个卡爪并安装发动机盖护板卡子。

⑥检查清洗器喷嘴分总成。

⑦检查发动机盖的安装效果，确保安装稳固。

2. 行李箱盖更换

（1）拆卸行李箱门装饰罩。

用螺丝刀脱开8个卡爪，并拆卸行李箱门装饰罩，如图3-115所示。

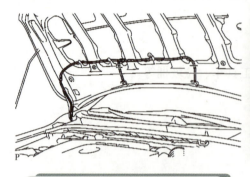

图3-114 断开清洗器软管总成

图3-115 拆卸行李箱门装饰罩

（2）拆卸行李箱门锁总成，如图3-116和图3-117所示。

①断开连杆。

②升起行李箱门锁盖。

③断开行李箱门锁控制拉索分总成，并使行李箱门锁盖返回原始位置。

④断开连接器，并用10号丁字套筒拆卸2个螺栓和行李箱门锁总成。

图3-116 拆卸行李箱门锁总成（一）　　图3-117 拆卸行李箱门锁总成（二）

（3）拆卸行李箱门锁芯总成，如图3-118所示。

用10号梅花扳手拆卸2个螺母和行李箱门锁芯总成。

（4）拆卸右后灯总成连接器，如图3-119所示。

图3-118 拆卸行李箱门锁芯总成

图3-119 拆卸右后灯总成连接器

（5）拆卸左、右后灯总成线束，如图3-120所示。

（6）行李箱盖的安装顺序跟拆卸顺序相反。

图3-120　拆卸左、右后灯总成线束

学习小结

1. 发动机罩的组成

发动机罩位于前风窗玻璃前方，其总成在结构上一般由外板和内板组成，中间夹以隔热材料。内板起到增强刚性的作用，其几何形状由厂家选取，基本上是骨架形式。

2. 发动机罩的作用

（1）空气导流作用。

（2）保护作用。

3. 行李箱盖的基本介绍

行李箱盖是汽车车身结构中相对独立的总成，是供乘员取放行李、工具及其他备用物品的必要通道。行李箱盖主要由行李箱盖焊接总成、行李箱附件组成。

任务评价

操作考核评价表见表3-7。

表3-7　操作考核评价表

考核项目	评分标准	分数	学生自评	小组互评	教师评价	备注
团队合作	是否和谐	5				
活动参与	是否积极主动	5				
任务方案	是否正确、合理	15				
安全生产	有无安全隐患	10				
操作过程	（1）拆装发动机罩； （2）拆装行李箱盖	30				
任务完成情况	是否圆满完成	5				
工具使用情况	是否规范标准	10				
劳动纪律	是否严格遵守	5				
现场"5S"管理	是否做到	10				
工单填写	是否完整、规范	5				
总　　分		100				
教师签名			年　　月　　日			得分：

项目四
整形机作业

项目导入

车身整形机作业也称车身修复机作业,通过外接不同的焊接工具,可以实现单面点焊、焊接专用螺钉、环形介子、蛇形焊线等功能。本项目主要介绍整形机作业的结构、作业原理、作用、作业流程和使用方法。

项目四 整形机作业

学习目标

知识目标
(1) 了解车整形机结构、作业原理及作用。
(2) 掌握整形机作业流程和使用方法。
(3) 掌握车身锉使用的方法和技巧。

技能目标
能够掌握整形机作业流程的方法和技巧。

素养目标
(1) 了解安全操作要求,重视人员身体安全与防护,养成安全文明操作的习惯。
(2) 养成组员之间互相协作的习惯。

项目任务

任务 1　单点拉拔

任务目标

(1) 了解车身修复机的结构、作用及原理。
(2) 掌握车身锉的种类及作用。
(3) 能够按照正确的工艺流程进行单点拉拔作业。

知识准备

1. 车身修复机结构

车身修复机也称介子机、整形机,是电阻焊的一种。其结构如图 4-1 所示。

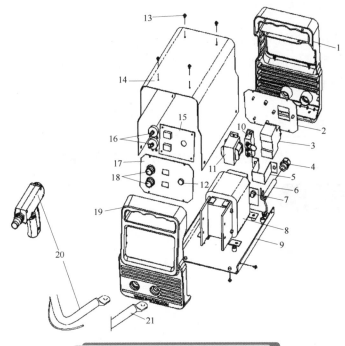

图 4-1　车身修复机的结构

1—车身修复机面框；2—车身修复机后面板；3—断路器 DZ47-60-D25-2P；4—防水接头 M20×1.5- 黑色；5—断路器支架（喷涂）；6—车身修复机电源电缆 3×2.5-2M；7—温控开关 KI31-095B5；8—修复机变压器 380V/14.5V-20VA；9—车身修复机底板；10—可控硅 SCR-MTC25；11—修复机变压器 1.5kVA-380/7V；12—按键 GQ12B-A；13—十字槽盘头螺钉组合件 4×12；14—车身修复机外壳；15—B2000AV200 控制板；16—旋转电位器 5K-RV24；17—车身修复机前面板；18—旋钮 A-03；19—车身修复机面框；20—修复枪焊接电缆组件；21—修复枪焊接接地电缆组件

2. 车身修复机的工作原理及作用

车身修复机的工作原理是利用电极头上夹持的各种附件与钢板接触，大电流使接触部位产生电阻热，获取与需求相对应的各种功能。车身修复机焊接方式可分为熔植点焊和垫片焊接，通常随机还会带有很多附件，如碳弧气刨碳棒（以下简称碳棒）、铜极头，各种规格的销钉、螺钉等，以满足热收缩，钢板焊接销钉、螺钉等功能需求。有的车身修复机具有电阻焊功能，但由于焊接电流小，焊接质量难以保证。

车身修复机适合对一些内部无法触及的钢板损伤部位进行修复，修复时只需使用一定的焊接方式将钢板凹陷部位从外部拉出即可，与传统的手工作业相比有绝佳的优势。

3. 车身锉的种类及作用

车身锉是检测钢板平整度的一种检测工具。常用的车身锉有 3 种。

1）挠性把柄车身锉

挠性把柄车身锉的挠性把柄可以调整锉片的弯曲度，无论板面是平面、凸起面或是凹低面，都可以让锉的形状很好地配合板面形状，但不要让锉片过度弯曲，以防止其把锉片锉断。

2）固定式锉刀

该锉刀有直的、坚硬的木制把柄，是锉平平的金属板和拱起金属板的理想工具。

3）弧形锉

即曲面锉，主要用来检查较窄的拱起面、折边和装饰条的平直程度。

使用弧形锉后，留下锉痕的部位为高点，没有锉痕的部位为低点。如果整个损伤区域都留下锉痕，平整度即可达到质量要求。

4. 拉拔方法的种类

拉拔方法可分为单点拉拔和多点拉拔，也可分为局部拉拔和整体拉拔。

任务实施

（一）作业准备

1. 工具

手锤、顶铁、车身锉、线凿。

2. 防护用品

工作服、工作鞋、工作帽、线手套、防尘口罩、护目镜、耳塞。

3. 实训器材

左前翼子板、安装架、工作台、车身修复机、拉塔。

（二）操作步骤

1. 单点拉拔训练

（1）工作前准备：戴口罩、护目镜、工作帽、耳罩等，如图4-2所示。

（2）选择60号砂纸并将其安装在磨头上，加注润滑油，连接气管，并调整转速，如图4-3和图4-4所示。

图4-2　工作前准备

图4-3　选择砂纸

图4-4　安装砂纸

（3）研磨机与工作面成10°~20°角，轻压在损伤处，如图4-5所示。

（4）去除外部、中部油漆和搭铁位置的油漆,如图4-6所示。

（5）选择带水研磨机,去除沟槽内的油漆,如图4-7和图4-8所示。

图4-5 研磨角度

图4-6 去除油漆

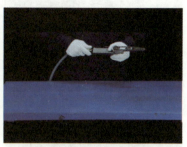
图4-7 带水研磨机

（6）连接吹尘枪,吹尘并将其擦拭干净,如图4-9所示。

（7）安装搭铁、试焊板,如图4-10所示。

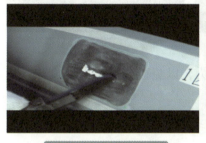
图4-8 去沟槽油漆

图4-9 吹尘

图4-10 安装搭铁、试焊板

（8）检查焊片,如果有锈迹或焊渣,则应使用板锉或砂纸进行清理,如图4-11所示。

（9）安装焊片并紧固螺栓,如图4-12所示。

（10）安装拉锤并紧固螺母,如图4-13所示。

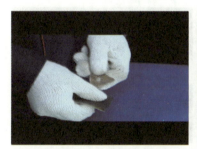
图4-11 检查焊片

图4-12 安装焊片

图4-13 安装拉锤

（11）开启车身修复机电源开关,如图4-14所示。

（12）切换工作模式至焊接挡位,并调整焊接时间和焊接电流,如图4-15所示。

（13）试焊图4-16后,若参数过小,则焊点无法承受拉拔的力度。

（14）适当调整焊接参数,直至符合要求,如图4-17所示。

（15）如果参数调整过大,将加重钢板的损坏程度,如图4-18所示。

（16）将焊枪放至水平状态。使用手掌拖住焊枪,中指或者食指放至开关位置,其他手指自然握住枪把。另一只手握住焊枪的前段,以便对准焊接部位,如图4-19所示。

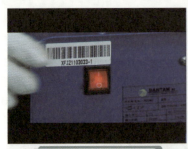
图4-14 打开电源

图4-15 调整挡位

图4-16 试焊

图4-17 调整焊接参数

图4-18 参数过大

图4-19 手握焊枪姿势

（17）将焊枪放至垂直角度，顶住凹陷，轻轻施加压力，以免接触不实出现火花，如图4-20和图4-21所示。

（18）启动焊枪开关，如图4-22所示，进行焊接。移动拔锤进行冲击，扭转焊枪，脱开焊点，如图4-23所示。

①拉拔原则一般为轻—重，或者轻—轻—重。

②刚性较弱的部位，可以采用单次拉拔，或者施加缓和的力度进行拉拔。

③也可以在搭住低点的同时使用手锤敲击周围高点将凹陷敲出，如图4-24所示。

图4-20 焊接

图4-21 接触不实出现火花
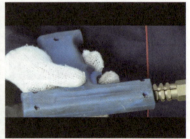
图4-22 启动焊枪开关

图4-23 移动拔锤，扭转焊枪
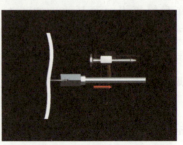
图4-24 焊枪加手锤敲击

> ⚠️ **注意事项**
>
> 应适当控制拉拔力度,若力量过大,则会出现较大凸起甚至孔洞,如图4-25所示。在拉拔过程中,若焊片头部有焊渣(图4-26),应使用偏口钳或板锉进行清理。

图4-25 拉拔力度过大

图4-26 焊渣

(19)更换80号砂纸,磨出焊点,如图4-27和图4-28所示。

(20)选择车身锉,调整其弧度,比钢板曲率略大,如图4-29和图4-30所示。

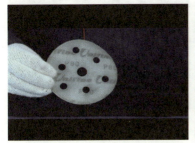
图4-27 更换80号砂纸

图4-28 磨出焊点

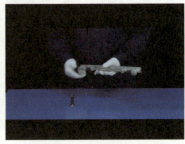
图4-29 调整车身锉

(21)将车身锉成30°~45°角轻压在损伤处,从损伤处的边缘开始向前推,经过损伤部位达到另一侧,然后拉回车身锉,再次进行推进。或将车身锉水平放置,沿30°~45°角向前推进,如图4-31所示。

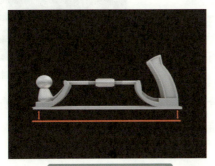
图4-30 弧度曲率

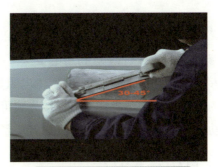
图4-31 车身锉锉损伤处

> ⚠️ **注意事项**
>
> 露出金属光泽的部位一般为高点，如图4-32所示；反之为低点，如图4-33所示。
>
>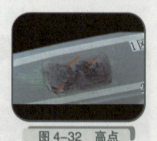
>
> 图4-32　高点　　　　　图4-33　低点

（22）拉拔低点，敲击高点，再次检查与修复，直至整个区域都留下锉痕，如图4-34所示。

（23）松开搭铁、归位，如图4-35所示。

（24）参数归零，关闭车身修复机，如图4-36所示。

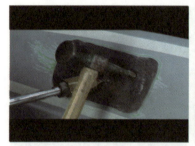  

图4-34　检查修复整个区域　　图4-35　松开搭铁、归位　　图4-36　关闭车身修复机

（25）摘耳罩、工作帽、护目镜、口罩和手套（解除防护装置），如图4-37所示。

学习小结

1. 车身修复机的工作原理及作用

车身修复机的工作原理是利用电极头上夹持的各种附件与钢板接触，大电流使接触部位产生电阻热，获取与需求相对应的各种功能。车身修复机焊接方式可分为熔植点焊和垫片焊接。有的车身修复机具有电阻焊功能，但由于焊接电流小，焊接质量难以保证。

图4-37　解除防护装置

2. 车身锉种类及作用

车身锉是检测钢板平整度的一种检测工具，常用的有三种。

（1）挠性把柄车身锉。

（2）固定式锉刀。

（3）弧形锉。

3. 拉拔方法的种类

拉拔方法可分为单点拉拔和多点拉拔，也可分为局部拉拔和整体拉拔。

任务评价

操作考核评价表见表4-1。

表4-1 操作考核评价表

考核项目	评分标准	分数	学生自评	小组互评	教师评价	备注
团队合作	是否和谐	5				
活动参与	是否积极主动	5				
任务方案	是否正确、合理	15				
安全生产	有无安全隐患	10				
操作过程	单点拉拔	30				
任务完成情况	是否圆满完成	5				
工具使用情况	是否规范标准	10				
劳动纪律	是否严格遵守	5				
现场"5S"管理	是否做到	10				
工单填写	是否完整、规范	5				
总　　分		100				
教师签名			年　　月　　日		得分：	

任务2　整体拉拔

任务目标

（1）了解车身修复过程中常见的拉拔方法。

（2）能够按照正确的工艺流程进行整体拉拔作业。

知识准备

1. 拉拔方法

汽车车身损伤修复中拉拔的方法有以下几种。
（1）使用手拉拔器拉拔。
（2）使用滑动锤拉拔。
（3）使用拉塔拉拔。
（4）使用具有焊接极头的滑动锤拉拔。

任务实施

（一）作业准备

1. 工具

手锤、顶铁、车身锉、线凿。

2. 防护用品

工作服、工作鞋、工作帽、线手套、防尘口罩、护目镜、耳塞。

3. 实训器材

左前翼子板、安装架、工作台、车身修复机、拉塔。

（二）操作步骤

1. 整体拉拔训练

（1）安装搭铁试焊板，如图 4-38 所示。
（2）安装焊接介子并紧固螺母，如图 4-39 所示。
（3）开启车身修复机电源开关并切换至焊接挡位，调整焊接时间和焊接电流。
（4）检查焊片，试焊，如图 4-40 所示。
若参数过小，则焊点无法承受拉拔力度。适当调整焊接参数，直至符合要求。
若参数调整过大，将加重钢板损坏。
（5）焊枪垂直，焊片轻压在损伤处，焊接焊片，如图 4-41 所示。
（6）焊片之间的距离大致为 8~10mm，如图 4-42 所示。
（7）选择钢轴和拉环并将其穿入焊片孔内，如图 4-43 和图 4-44 所示。

任务2 整体拉拔

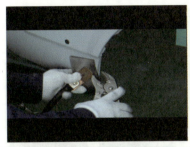
图4-38 安装搭铁试焊板

图4-39 安装焊接介子并紧固螺母

图4-40 检查焊片，试焊

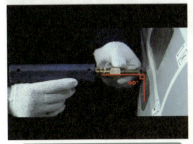
图4-41 焊接焊片

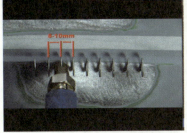
图4-42 焊片之间的距离

图4-43 选择钢轴和拉环

(8) 移动拉塔及固定牢链，与损伤部位垂直，如图4-45所示。

(9) 调整吊链高度，如图4-46所示。

图4-44 将钢轴和拉环穿入焊片孔

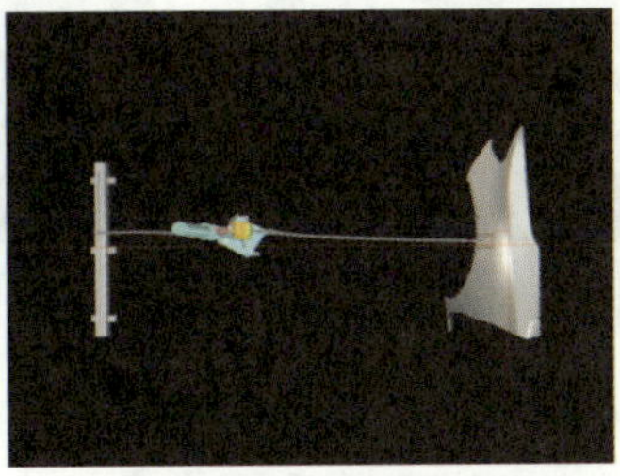

图4-45 固定牢链

图4-46 调整吊链高度

(10) 松开吊链并勾住拉环，收缩链条，如图4-47和图4-48所示。

(11) 选择线凿并检查其是否正常，如图4-49所示。

图4-47 松开吊链并勾住拉环

图4-48 收缩链条

图4-49 选择并检查线凿

(12) 选择手锤并检查其是否正常，如图4-50所示。

(13) 将线凿对准车身线，使用手锤击打线凿后端，如图4-51所示。

（14）松开链条，观察损伤恢复情况，如图4-52所示。取下挂钩、钢轴与拉环，将拉塔归位。

图4-50　选择并检查手锤　　图4-51　使用手锤击打线凿后端　　图4-52　松开链条观察损伤

（15）拆卸焊片，如图4-53所示。

⚠ 注意事项

严禁使用左右晃动的方式拆卸焊片，以免出现孔洞，如图4-54所示。

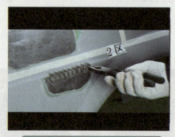 

图4-53　拆卸焊片　　　　图4-54　晃动拆卸焊片出现孔洞

若出现孔洞，可采取以下措施。

切换模式至收缩挡，如图4-55所示，将直径为1cm的焊丝放至孔洞处，使用焊棒进行焊接，磨平焊点，如图4-56所示。

（16）取下焊接介子并安装拉锤，试焊，如图4-57和图4-58所示。

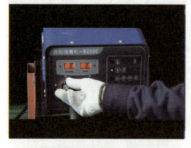  

图4-55　切换收缩挡　　　　图4-56　焊接　　　　图4-57　安装拉锤

（17）使用拉拔锤将损伤区域拉平。

（18）松开搭铁，归位，如图4-59所示。

（19）参数归零，关闭车身修复机，如图4-60所示。

图4-58 试焊

图4-59 松开搭铁

图4-60 关闭车身修复机

学习小结

1. 拉拔方法

汽车车身损伤修复中拉拔的方法有以下几种。

（1）使用手拉拔器拉拔。
（2）使用滑动锤拉拔。
（3）使用拉塔拉拔。
（4）使用具有焊接极头的滑动锤拉拔。

任务评价

操作考核评价表见表4-2。

表4-2 操作考核评价表

考核项目	评分标准	分数	学生自评	小组互评	教师评价	备注
团队合作	是否和谐	5				
活动参与	是否积极主动	5				
任务方案	是否正确、合理	15				
安全生产	有无安全隐患	10				
操作过程	整体拉拔	30				
任务完成情况	是否圆满完成	5				
工具使用情况	是否规范标准	10				
劳动纪律	是否严格遵守	5				
现场"5S"管理	是否做到	10				
工单填写	是否完整、规范	5				
总 分		100				
教师签名		年　　月　　日			得分：	

任务3　收缩作业

任务目标

（1）了解钢板收缩的种类及原理。
（2）能够按照正确的工艺流程进行收缩作业。

知识准备

1. 钢板的收缩种类及原理

收缩作业是指通过一定的方法或手段，将已经延展的钢板拉紧，使其恢复到原有状态。钢板在冲压、撞击、修复过程中都有可能不同程度地发生延展。钢板延展后，通常会导致其变薄、硬化，其内部晶粒将会发生形变或重新排列，外部特征主要表现为隆起，有时还会伴随"鼓动"现象。

收缩作业按照作业温度可分为常温收缩和热收缩。每种收缩方法各有优缺点。常温收缩常见的有打褶法和收缩锤

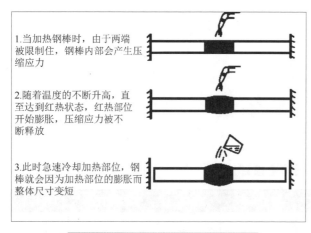

图4-61　热收缩原理

收缩。热收缩可分为火焰收缩、铜极收缩和碳棒收缩三种，其中铜极收缩和碳棒收缩为电极收缩。火焰收缩由于热量过于集中和不易控制等原因已经被逐步淘汰。

2. 钢板收缩原理

当加热钢棒时，由于两端被限制住，钢棒内部会产生压缩应力。随着温度的不断升高，直至达到红热状态，红热部位开始膨胀，压缩应力被不断释放。此时，急速冷却加热部位，钢棒就会因为加热部位的膨胀而整体尺寸变短，这就是热收缩原理（图4-61）。

任务实施

（一）作业准备

1. 工具

手锤、顶铁、车身锉、线凿。

2. 防护用品

工作服、工作鞋、工作帽、线手套、防尘口罩、护目镜、耳塞。

3. 实训器材

左前翼子板、安装架、工作台、车身修复机、拉塔。

（二）操作步骤

1. 收缩作业训练

（1）钢板延展后将出现隆起，还伴随鼓动现象，如图4-62所示。

（2）安装搭铁试焊板，如图4-63所示。

（3）选择碳棒，如图4-64所示，将碳棒从中间断开，以方便操作。

图4-62　钢板延展

图4-63　安装搭铁试焊板

图4-64　选择碳棒

（4）打磨碳棒前端，至平滑圆弧面，如图4-65所示。

（5）安装碳棒，紧固螺母，如图4-66所示。

（6）开启电源开关，切换工作模式，调整工作电流，如图4-67所示。

适当调整焊接参数直至合适，若参数过小，则热量难以集中；若参数调整过大，将导致钢板损坏。

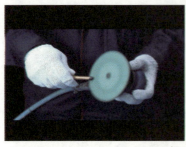
图 4-65 打磨碳棒前端

图 4-66 安装碳棒

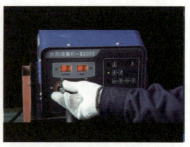
图 4-67 调整车身修复机

（7）选择吹尘枪，如图 4-68 所示。

（8）将碳棒成 30°～45° 角轻压到延展处，以便控制运行轨迹，如图 4-69 所示。

（9）启动开关，碳棒从外侧开始，沿螺旋状至中间部位。狭长的部位可采用曲线运行的方式收缩，如图 4-70 和图 4-71 所示。

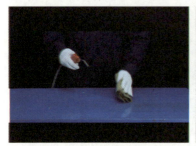
图 4-68 选择吹尘枪

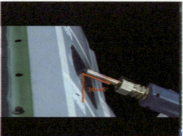
图 4-69 碳棒角度

图 4-70 收缩

图 4-71 螺旋状轨道

图 4-72 停焊冷却

（10）达到一定温度后，停止加热，松开开关，抬起焊枪，冷却加热部位，如图 4-72 所示。

（11）收缩作业完成后应冷却碳棒，以免对人体造成伤害。

⚠ 注意事项

碳棒运行过程中不能停顿，否则可能导致钢板损坏。

碳棒运行，螺旋状容易集中，反之则不容易集中，如图 4-73 所示。可采用多点、低温小密集的收缩方法，如图 4-74 所示。

图4-73 螺旋碳棒运行轨道

图4-74 多点低温小密集收缩

（12）检查收缩效果，如图4-75所示。

（13）通过手工作业或车身修复机作业修平，并用研磨机修复碳伤，以免出现油漆缺陷，如图4-76和图4-77所示。

图4-75 检查

图4-76 手工作业

图4-77 研磨机修复

（14）拆卸搭铁。

（15）参数归零，关闭车身修复机，如图4-78所示。

（16）对于面积小、隆起高、刚性强的区域，可使用铜气头工具进行收缩，收缩方法和碳棒收缩方法相似，首先调整其参数，然后再加以赤焊，如图4-79所示。

（17）收缩时，铜气头垂直顶住延展处，轻轻施加压力，启动开关，如图4-80所示。当温度达到后，松开开关并使用吹尘枪冷却。

图4-78 关闭车身修复机

图4-79 铜气头收缩

图4-80 铜气头收缩角度

学习小结

1. 钢板的收缩种类

收缩作业是指通过一定的方法或手段，将已经延展的钢板拉紧，使其恢复到原有状态。钢板在冲压、撞击、修复过程中都有可能不同程度地发生延展。钢板延展后，通常会导致变薄、硬化，其内部晶粒将会发生形变或重新排列，外部特征主要表现为隆起，有时还会伴随"鼓动"现象。

收缩作业按照作业温度可分为常温收缩和热收缩。每种收缩方法各有优缺点。常温收缩常见的有打褶法和收缩锤收缩。热收缩可分为火焰收缩、铜极收缩和碳棒收缩三种，其中铜极收缩和碳棒收缩为电极收缩。火焰收缩由于热量过于集中和不易控制等原因已经被逐步淘汰。

2. 钢板收缩原理

当加热钢棒时，由于两端被限制住，钢棒内部会产生压缩应力。随着温度的不断升高，直至达到红热状态，红热部位开始膨胀，压缩应力被不断释放。此时，急速冷却加热部位，钢棒就会因为加热部位的膨胀而整体尺寸变短，这就是热收缩原理。

任务评价

操作考核评价表见表 4-3。

表 4-3 操作考核评价表

考核项目	评分标准	分数	学生自评	小组互评	教师评价	备注
团队合作	是否和谐	5				
活动参与	是否积极主动	5				
任务方案	是否正确、合理	15				
安全生产	有无安全隐患	10				
操作过程	收缩作业	30				
任务完成情况	是否圆满完成	5				
工具使用情况	是否规范标准	10				
劳动纪律	是否严格遵守	5				
现场"5S"管理	是否做到	10				
工单填写	是否完整、规范	5				
总 分		100				
教师签名			年 月 日		得分：	

项目五
二氧化碳气体保护焊作业

▶ **项目导入**

焊接是指加热或加压，或两者兼用，使焊件达到原子间结合并形成永久接头的工艺过程。世界上每年钢材消耗量的 50% 都有焊接工序的参与。在现代制造工业中，焊接工艺广泛应用于金属结构件的生产中，如车厢、桥梁、船体等都是焊接而成的。在汽车钣金修复作业中，焊接同样也是应用非常广泛的一种工艺。

本项目主要介绍二氧化碳气体保护焊的作用，让大家对二氧化碳气体保护焊有所认识，并能够掌握二氧化碳气体保护焊的作业流程。

项目五　二氧化碳气体保护焊作业

学习目标

知识目标
（1）能够了解焊接的各种类型及焊接作业的特点。
（2）能够认知二氧化碳气体保护焊的优点。
（3）能够掌握二氧化碳气体保护焊的原理，认知所用的焊接设备。
（4）能够掌握二氧化碳气体保护焊的焊接参数的调整要素。
（5）能够认知二氧化碳气体保护焊的几种焊接位置。
（6）能够掌握二氧化碳气体保护焊的6种基本焊接方法。
（7）能够掌握二氧化碳气体保护焊车身板件焊接的基本操作方法。

技能目标
（1）能够规范地使用和维护相关工具和设备。
（2）能够规范地操作完成板件的对接焊、搭接焊及塞孔焊作业。

素养目标
（1）了解安全操作要求，重视人员身体安全与防护，养成安全文明操作的习惯。
（2）养成组员之间互相协作的习惯。

项目任务

任务1　对接焊

任务目标

（1）能够了解焊接的各种类型及焊接作业的特点。
（2）能够认知二氧化碳气体保护焊的优点。
（3）能够掌握二氧化碳气体保护焊的原理，认知所用的焊接设备。
（4）能够掌握二氧化碳气体保护焊焊接参数的调整要素。
（5）能够认知二氧化碳气体保护焊的几种焊接位置。
（6）能够掌握二氧化碳气体保护焊的6种基本焊接方法。
（7）能够掌握二氧化碳气体保护焊车身板件焊接的基本操作方法。
（8）能够规范地操作完成板件的对接焊作业。

知识准备

1. 焊接的类型与特点

焊接是对需要连接的金属板件加热,使其共同熔化,最后结合在一起的方式。

1) 焊接的类型

(1) 压焊是通过电极对金属加热使其熔化,并加压使金属连接在一起。在各种压焊方法中,电阻点焊是汽车制造业中最常用的焊接方法,但它在汽车修理业中的应用较少。

(2) 熔焊是指通过电弧或火焰等方式将金属件加热到熔点,使它们熔化连接在一起(通常采用焊条、焊丝)的焊接方式。二氧化碳气体保护焊就是熔焊的一种。

(3) 钎焊是在需要焊接的金属件上将熔点比它低的金属熔化(金属件不需熔化)并进行连接。根据钎焊材料熔化的温度,钎焊可分为软钎焊和硬钎焊。钎焊材料的熔化温度低于450℃的是软钎焊,高于450℃的是硬钎焊。

每种焊接方法又可具体分为多种焊接方式,如图 5-1 所示。其中,只有几种焊接方式可用于车身修理。图 5-2 所示为汽车制造中不同部位使用的焊接方法。

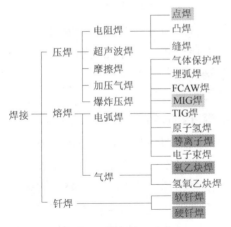

图 5-1 多种焊接方法

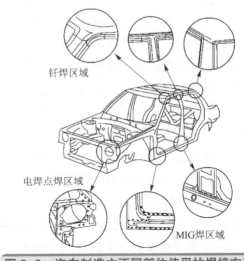

图 5-2 汽车制造中不同部位使用的焊接方法

在修理受碰撞而损坏的汽车时,对一些新更换的板件需要使用焊接的方法来修理。

2) 焊接方式的特点

(1) 由于焊接的形状不受限制,它适合于连接整体式车身结构,焊接后仍可保持车体的完整性。

(2) 可减轻重量。

(3) 密封性能好,能防水腐蚀及阻隔空气氧化。

(4) 生产效率高。

(5) 焊接接头的强度受操作者技术水平的影响较大。

(6) 如果焊接中产生的热量过高,周围板件将变形。

2. 二氧化碳气体保护焊的优点

惰性气体保护焊有时又称二氧化碳气体保护焊（俗称二保焊）。其实惰性气体保护焊采用完全的惰性气体（例如氩气和氮气）为保护气体。二氧化碳不完全是惰性气体，准确地说，二氧化碳气体保护焊应该称为活性气体保护焊（MAG）。大多数车身修理中采用二氧化碳或二氧化碳和氩气的混合气为保护气体。人们还是习惯用惰性气体保护焊来概括所有的气体保护电弧焊接。许多焊机都既可以使用二氧化碳，又可以使用氩气。

二氧化碳气体保护焊有以下几个优点。

（1）操作方法容易掌握。操作者只需接受几个小时的指导并经过练习，就可以学会并熟练掌握二氧化碳气体保护焊设备的使用方法。与高级电焊工采用传统的焊条电弧焊相比，普通的二氧化碳气体保护焊焊工都可以做到焊接质量更高、速度更快、性能更稳定。

（2）二氧化碳保护焊可使焊接板件100%熔化，因此，经二氧化碳保护焊焊接过的部位可修平或研磨到与板件表面同样的高度，却不会降低强度。

（3）在薄的金属上焊接时，可以使用弱电流，既预防热量对邻近部位的损害，又避免了可能发生的强度降低和变形。

（4）电弧平稳，熔池小，便于控制，确保熔敷金属最多、溅出物最少。

（5）二氧化碳保护焊焊接更适合焊接有缝隙和不吻合的地方。对于若干处缝隙，可迅速地在每个焊缝上点焊，不需要清除熔渣，焊后可以很方便地将这些部位重新上漆。

（6）一般车身钢板都可以用一根通用型焊丝来焊接。

（7）车身上不同厚度的金属可用相同直径的焊丝来焊接。

（8）二氧化碳保护焊焊机可以方便地控制焊接的温度和时间。

（9）采用二氧化碳保护焊焊接，对需要焊接的小区域的加热时间较短，因此减少了板件的疲劳和变形程度。因为金属熔化的时间极短，所以能够轻松进行立焊和仰焊操作。

汽车制造业现在大量使用高强度钢板，而高强度钢板和其他薄钢板比较好的焊接方法就是二氧化碳保护焊焊接法，所以现在的车身修理中广泛应用二氧化碳保护焊。用二氧化碳保护焊进行车身修理能够达到快速、高质量的焊接要求。用氧乙炔焊焊接后顶侧板平均耗时约为4h，而用二氧化碳保护焊来进行同样操作需约4min。

3. 二氧化碳气体保护焊的工作原理

二氧化碳气体保护焊使用一根焊丝，焊丝以一定的速度自动进给，在板件和焊丝之间出现电弧。电弧产生的热量使焊丝和板件熔化，然后将板件熔合并连接在一起，其工作原理如图5-3所示。

在焊接过程中，二氧化碳对焊接部位进行保护，以免熔融金属被空气氧化。二氧化碳保护焊焊接的工作过程有以下几步。

（1）焊丝在焊接部位经过瞬间的短路、回烧并产生电弧。

（2）每一次工作循环中都产生一次短路电弧，并从焊丝的端部将微小的一滴液滴转移到熔化的焊接部位。

（3）在焊丝周围有一层气体保护层，它可以防止空气的污染并稳定电弧。

（4）连续进给的焊丝与板件相接触形成短路，电阻使焊丝和焊接部位受热。

（5）随着加热的继续进行，焊丝开始熔化、变细并产生收缩。

（6）收缩部位电阻的增加将使该处的受热加速。

（7）熔化的收缩部位烧毁，在工件上形成一个熔池并产生电弧。

（8）电弧使熔池变平并回烧焊丝。

（9）当电弧间隙达到最大值时，焊丝开始冷却并重新送丝，更接近工件。

（10）焊丝的端部又开始升温，其温度足以使熔池变平，但还不能够阻止焊丝重新接触工件，因此电弧熄灭，再次形成短路，上述过程又重新开始。

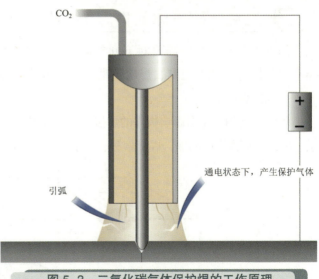

图 5-3　二氧化碳气体保护焊的工作原理

4. 二氧化碳气体保护焊焊接设备的组成

二氧化碳气体保护焊设备主要由控制部分、减压阀、二氧化碳气瓶、送丝机构、焊机、搭铁夹、电缆、气管和焊枪组成，如图 5-4 所示。

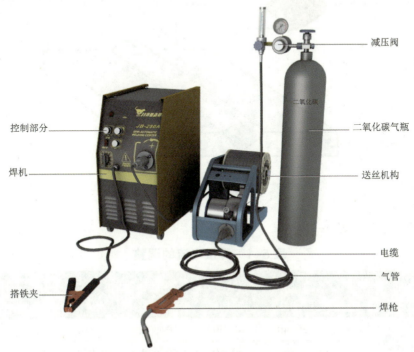

图 5-4　二氧化碳气体保护焊焊接设备的组成

5. 二氧化碳气体保护焊焊接参数的调整

修理人员在焊接时需要对下列参数进行调整，即焊机输入电压、焊接电流、电弧电压、导电嘴与板件之间的距离、焊枪角度、焊接方向、保护气体的流量、焊接速度和送丝速度。

1）焊接电流

焊接电流的大小会影响板件的焊接熔深、焊丝熔化的速度、电弧的稳定性、焊接溅出物的数量。随着电流强度的增加，焊接熔深、剩余金属的高度和焊缝的宽度也会增大，如图5-5所示。

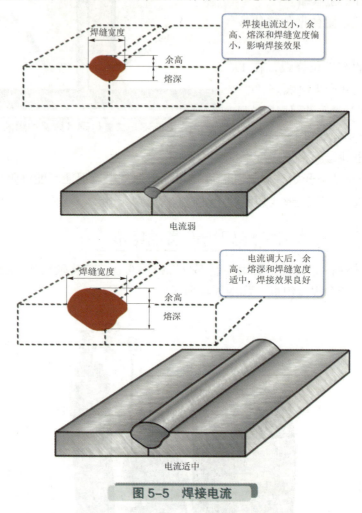

图 5-5 焊接电流

焊接电流的调整见表5-1。

表 5-1 焊接电流的调整

焊丝直径 /mm	金属板厚度 /mm						
	0.6	0.8	1.0	1.2	1.4	1.6	1.8
0.6	20~30A	30~40A	40~50A	50~60A	—	—	—
0.8	—	—	40~50A	50~60A	60~90A	100~120A	—
1.0	—	—	—	—	60~90A	100~120A	120~150A

2）电弧电压

高质量的焊接有赖于适当的电弧长度，而电弧长度是由电弧电压决定的。

电弧电压过高时，电弧的长度增大，焊接熔深减小，焊缝呈扁平状。

电弧电压过低时，电弧的长度减小，焊接熔深增加，焊缝呈狭窄的圆拱状。

由于电弧的长度是由电压的高低决定的，因此，电压过高将产生过长的电弧，使焊接溅出物增多；而电压过低会导致起弧困难，如图5-6所示。

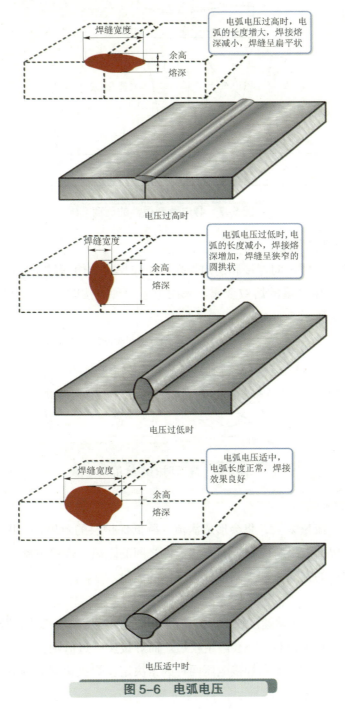

图5-6 电弧电压

3）导电嘴到板件的距离

导电嘴到板件的距离（图 5-7）是焊接质量高的一项重要指标。其标准距离为 7~15mm。

如果导电嘴到板件的距离过大，从焊枪端部伸出的焊丝长度增加而产生预热，就加快了焊丝熔化的速度，保护气体所起的作用也会减小；如果导电嘴到板件的距离过小，将难以进行焊接，并会烧毁导电嘴。

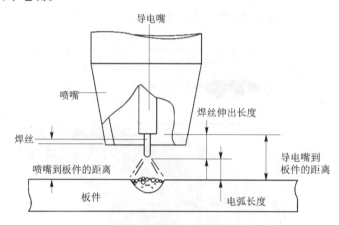

图 5-7　导电嘴到板件的距离

4）焊接方向及焊枪角度

焊接方向有两种，即正向焊接和逆向焊接。正向焊接的熔深较小且焊缝较平；逆向焊接的熔深较大，并会产生大量的熔敷金属。采用上述两种方法时，焊接时的焊枪角度都应为 10°~15°，如图 5-8 所示。

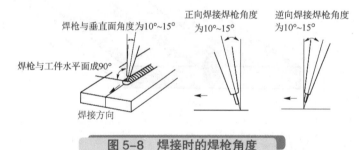

图 5-8　焊接时的焊枪角度

5）保护气体的流量

如果保护气体的流量太大，将会形成涡流，降低保护层的效果；如果保护气体的流量太小，也会降低保护层的效果。应根据喷嘴和板件之间的距离、焊接电流、焊接速度以及焊接环境（焊接部位附近的空气流动）调整保护气体的流量。

6）焊接速度

焊接时，如果焊枪的移动速度快，焊接熔深和焊缝的宽度都会缩小，焊缝会变成圆拱形。当焊枪移动速度进一步加快时，将会产生咬边。而焊接速度过低则会产生许多烧穿孔。一般来说，焊接速度由工件的厚度和焊接电压两种因素决定。焊接速度的调节见表 5-2。

表 5-2 焊接速度的调节

工件厚度 /mm	焊接速度 / (m · min^{-1})	工件厚度 /mm	焊接速度 / (m · min^{-1})
0.6~0.8	1.1~1.2	1.0	1
1.2	0.9~1	1.6	0.8~0.85

7）送丝速度

如果送丝速度太慢，随着焊丝在熔池内熔化并熔敷在焊接部位，可听到"嘶嘶"声或"啪嗒"声。此时产生的视觉信号为反光的亮度增强。当送丝速度较慢时，所形成的焊接接头较平坦。如果送丝速度太快将堵塞电弧，焊丝不能充分熔化，焊丝将熔化成许多金属熔滴并从焊接部位飞走，产生大量飞溅。这时产生的视觉信号为频闪弧光。

仰焊时，过大的熔池产生的金属熔滴可能会落入导电嘴或进入气体喷嘴，导致喷嘴或导电嘴烧损。仰焊操作时，要采用较快的送丝速度、较短的电弧和较小的金属熔滴，并使电弧和金属熔滴互相接近。将气体喷嘴推向工件，以确保焊丝不会向熔池外移动。如果焊丝向熔池外移动，熔化的焊丝将会产生金属熔滴，直至形成新的熔池来吸收这些熔滴。

一般在焊接中会在气体喷嘴附近产生氧化物熔渣，必须将其仔细地清除掉，以免落入喷嘴内部造成短路。当送丝速度太慢时，还必须清除因送丝太慢而形成的金属微粒，以免短路。

8）焊枪喷嘴的调整

焊机的焊枪有两个主要功能，一是提供合适的气体保护；二是给工作部位加压以防止焊丝移出熔池。

如果绝缘有问题（如喷嘴落入熔滴），应流入焊丝的电流便转移到气体喷嘴上，引起焊丝的燃烧和飞溅，会将喷嘴烧掉。在脏的或生锈的金属上进行焊接会对喷嘴产生严重冲击，因此，应先清洁金属，再进行正常的焊接。在锈蚀的表面进行焊接时，应降低送丝速度。

在惰性气体保护焊焊机的几个主要组成部分中，喷嘴最为关键，其次是送丝机构。受到堵塞或损坏的管道将造成送丝速度不稳定，并产生许多金属熔滴，造成气体喷嘴短路。

使用气体喷嘴的注意事项有以下几个。

①距离的调整。调整导电嘴到喷嘴的距离约为3mm，焊丝伸出喷嘴5~8mm。将焊枪的导电嘴放在靠近母材的地方，焊枪开关被接通以后，焊丝开始送进，同时保护气体也开始流出。焊丝的端部和板件接触并产生电弧。如果导电嘴和板件之间的距离稍有缩短，将比较容易产生电弧；如果焊丝的端部形成了一个大的圆球，将难以产生电弧，所以应立即用偏嘴钳剪除焊丝端部的圆球。在剪断焊丝端部的圆球时，不可将导电嘴指向操作人员的脸部。

②导电嘴上的溅出物的处理。如果溅出物黏附于喷嘴的前端，将使保护气体不能顺利流出而影响焊接质量，应迅速清除焊接溅出物。可以使用防溅剂来减少黏附于喷嘴前端的溅出物。导电嘴上的焊接溅出物还会阻碍焊丝的进给，接通送丝开关后，若焊丝无法顺利地通过导电嘴，焊丝就会在焊机内扭曲。用一个合适的工具清除掉导电嘴上的溅出物，然后检查焊丝是否能够平稳地流出。

③导电嘴的检查。坏了的导电嘴应及时更换，以确保产生稳定的电弧。为了得到平稳的气流和电弧，应适当拧紧导电嘴。

9）电源的极性调整

电源的极性对于焊接熔深起着重要的作用。直流电源的连接方式一般为直流反向极性连接，即焊丝为正极、工件为负极。采用这种方式连接时，焊接熔深最大。如需要焊接的材料非常薄，应以正向极性连接方式进行焊接，焊丝为负极而板件为正极，焊接时在焊丝上产生更多的热量，板件上的焊接熔深较浅。采用正向极性连接方式的缺点是它会产生许多气孔，需要更多次的抛光。

6. 二氧化碳气体保护焊的焊接位置

在车身修理时，焊接位置通常由汽车上需要进行焊接部件的位置决定，焊接参数的调整也会受到操作位置的影响。各种典型的操作位置如下：

（1）平焊（图5-9（a））。平焊一般容易进行，而且它的焊接速度较快，能够得到最好的焊接熔深。对从汽车上拆卸下的零部件进行焊接时，尽量将它放在能够进行平焊的位置。

（2）横焊（图5-9（b））。水平焊缝进行焊接时，应使焊枪向上倾斜，以避免重力对熔池的影响。

（3）立焊（图5-9（c））。垂直焊缝焊接时，最好让电弧从接头的顶部开始，并平稳地向下拉。

（4）仰焊（图5-9（d））。最难进行的焊接是仰焊。仰焊容易造成熔池过大的危险，而且一些熔融金属会落入喷嘴而引起故障。在进行仰焊时，一定要使用较低的电压，同时还要尽量使用短电弧和小的焊接熔池。将喷嘴推向板件，以保证焊丝不会向熔池外移动。最好能够沿着焊缝均匀地拉动焊枪。

在实际的车身焊接操作中，应尽量采用平焊或横焊的方式来操作，以达到最好的焊接效果。不能进行这两种焊接操作的，只要把焊接部件转换一个角度就可以进行了。

(a)
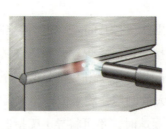
(b)

(c)
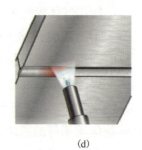
(d)

图5-9 各种典型的焊接位置

（a）平焊；（b）横焊；（c）立焊；（d）仰焊

7. 二氧化碳气体保护焊焊接中的 6 种基本操作方法

（1）定位焊（图 5-10）。这种方法实际上是一种临时点焊，就是在进行永久性焊接前，用很小的临时点焊来取代定位装置或薄板金属螺钉，对需要焊接的板件进行固定。和定位装置或薄板金属螺钉一样，定位焊是一种临时性的措施。各焊点间的距离大小与板件厚度有关，一般其距离为板件厚度的 15~30 倍。定位焊要求板件之间正确对准。

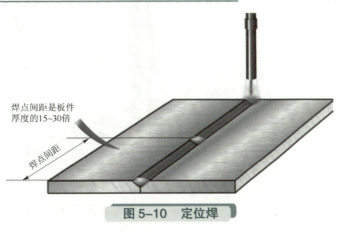

图 5-10 定位焊

（2）连续焊（图 5-11）。连续焊是指焊枪缓慢、稳定地向前运动，形成连续的焊缝。操作中保持焊枪的稳定进给，以免产生晃动。采用正向焊法时，连续地匀速移动焊枪，并经常观察焊缝。焊枪应倾斜 10°~15° 角，以便获得最佳形状的焊缝、焊接线和气体保护效果。导电嘴到板件之间应保持适当的距离，焊枪应保持正确的角度。若不能正常进行焊接，其原因可能是焊丝太长。焊丝过长，金属的焊接熔深将会减小。为了得到适当的焊接熔深以提高焊接质量，应使焊枪靠近板件。平稳、均匀地操纵焊枪，将得到高度和宽度恒定的焊缝，而且焊缝上带有许多均匀、细密的焊波。

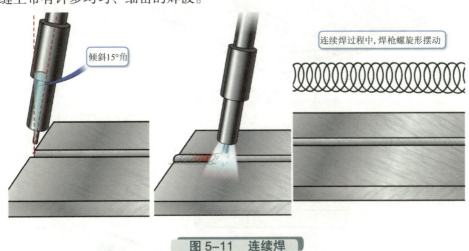

图 5-11 连续焊

（3）塞焊（图 5-12）。进行塞焊时，应在外面的一个或若干个板件上打一个孔。电弧穿过此孔，进入里面的工件，这个孔被熔化的金属填满，板件被焊接在一起。

（4）点焊（图 5-13）。点焊是指当送丝定时脉冲被触发时，将电弧引入被焊的两块金属板，将两层金属板熔化焊接在一起。

（5）搭接点焊（图 5-14）。搭接点焊是将电弧引入下层金属板中，并使熔融金属流入上层金属板的边缘。

项目五 二氧化碳气体保护焊作业

图 5-12 塞焊

图 5-13 点焊

图 5-14 搭接点焊

（6）连续点焊（图 5-15）。连续点焊是指一系列相连的或重叠的点焊形成连续的焊缝。

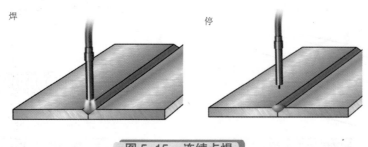

图 5-15　连续点焊

8. 车身板件焊接的基本操作方法

车身修理所用的二氧化碳气体保护焊的基本操作方法有对接焊、搭接焊、塞焊（点焊）。每种类型的焊缝都可用几种不同的方法进行焊接。应根据给定的焊接条件和参数来决定采用哪种方法。这些条件和参数包括金属的厚度和状态、被焊接的两个金属工件之间的缝隙和焊接位置等。例如，可采用连续焊或连续点焊的方法进行对接焊。在进行永久性的连续焊或连续点焊时，也可以沿着焊缝上的许多不同点进行定位焊，用这种方法来固定需要焊接的工件。

（1）对接焊。对接焊是将两个相邻的金属板边缘靠在一起，沿着两个金属板相互配合或对接的边缘进行焊接的一种方法。

（2）搭接焊。搭接焊是在需要连接的几个相互依次重叠的金属板表面棱边处将两个金属板表面熔化。

（3）塞焊。在车身修理中，可采用塞焊来代替汽车制造厂的电阻点焊。塞焊是点焊的一种形式，它是通过一个孔进行的点焊。在需要连接的外层板件上钻（或冲）一个孔来进行焊接。

9. 对接焊的基本操作方法

1）连续焊在对接焊中的使用

进行对接焊时必须注意（尤其在薄板上），每次焊接的长度最好不超过 20mm。要密切注意金属板的熔化，焊丝和焊缝的连续性，还要注意焊丝的前端不可偏离金属板间的对接处。如果焊缝较长，最好在金属板的若干处先进行定位焊（连续点焊），以防止金属板变形，如图 5-16 所示。图 5-17 所示为连续焊时焊枪的运动轨迹，在焊缝的终点前面距离很近的地方产生电弧，然后立刻将焊枪移动到焊缝的起点处。在焊接过程中，焊缝要保持一定的宽度和高度。

车身板件焊接时应采用分段焊接。待某一区域的焊缝自然冷却后再进行下一区域的焊接。图 5-18 所示的 1、2、3、4、5、6、7 为分段焊接的先后顺序效果对比。

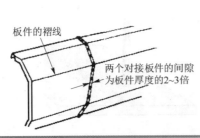
图5-16 金属板的定位焊可防止其变形

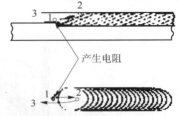
图5-17 连续焊时焊枪的运动轨迹

尽管外层低碳钢金属板对焊接的敏感性较小，焊接时也要分段焊接，以防止由于温度升高而引起弯曲和变形。为了将间隔开的焊缝之间的间隙填满，可先用砂轮磨光机沿着金属板表面研磨，然后再将间隙中填满金属，如图5-19所示。如果焊缝表面未经研磨便将待焊接金属填入，则会产生气泡。

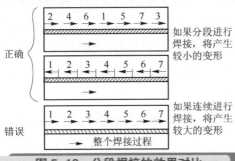
图5-18 分段焊接的效果对比

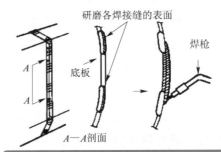
图5-19 填满隔开的焊缝之间的间隙

在焊接金属薄板时，如果薄板厚度为0.8mm以下，必须采用不连续的焊接方式，即连续点焊，以防止烧穿薄板。保持适当的焊枪角度，并按正确的顺序操作，便可得到高质量的焊缝。可采用逆向焊法来移动焊枪，这样比较容易对准焊缝。

图5-20所示为安装替换金属板时采用的典型对接焊的过程。如果采用这种焊接方法没有得到预期的效果，其原因可能是导电嘴和板件金属之间的距离过大。焊接熔深随着导电嘴和板件金属之间距离的增大而减小。操作时，试将导电嘴和板件金属之间的距离保持几个不同的值，直至获得理想的焊缝，这时的距离值为最

将板件接缝对准，并在几处进行定位焊

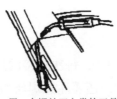

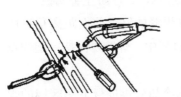
用一个扁凿将两板件的接缝对准

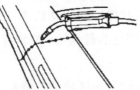
用一个螺丝刀之类的工具轻轻撬动调整接缝位置

调整板件表面的高度差，并在适当的位置进行定位焊

不要一个接一个地连续焊接，应间歇进行焊接

图5-20 对接焊的过程

佳值。

焊枪移动得过快或过慢都将使焊接质量下降。焊接速度过慢将会造成熔穿；相反，焊接速度过快将使熔深变浅而降低焊接质量。

即使在对接焊的过程中形成了理想的焊缝，但若从金属板的边缘处或靠

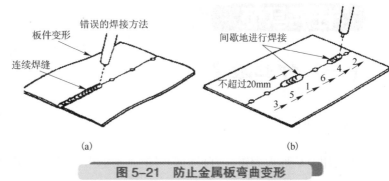

图 5-21　防止金属板弯曲变形

(a) 近金属板边缘处开始焊接会产生变形；(b) 按顺序焊接可防止金属板变形

近边缘的地方开始焊接，金属板仍会产生弯曲变形（图 5-21（a）），因此，为了防止金属板弯曲，应从金属板的中心处开始焊接，并经常改变焊接的位置（图 5-21（b）），以便将热量均匀扩散到板件金属中。金属板厚度越小，焊缝长度应越短。

2）脉冲点焊在对接焊中的使用

使用二氧化碳气体保护焊焊机进行脉冲点焊操作，由于当前多数使用的焊机都带有内部定时器，在一次点焊后，内部定时器便会切断送丝装置开关并关闭电弧，然后间隔一段时间后重新进行下一次点焊。间隔时间的设定值取决于工件的厚度。

用二氧化碳气体保护焊焊机进行点焊操作时，最好选用一个专用脉冲点焊喷嘴代替一般的喷嘴。将具有点焊控制、焊接热量及回烧时间控制功能的焊枪安装到位，然后将喷嘴指向焊接部位并启动焊枪。短时间后，送丝时间脉冲被触发，焊接电流被接通，与此同时，电弧熔化外层金属并进入内层金属，然后焊枪自动关闭。由于开关触发一次只能得到一个点焊脉冲，因此无论将焊枪开关触发多长的时间都不起作用。但是，如果将触发器松开然后再次揿压，便可得到下一个点焊脉冲。

焊接操作时，由于参数、条件上的差异，难以确定点焊的质量，因此，在承受载荷的板件上，最好采用塞焊或电阻点焊方式来焊接。

在焊接各种薄型的非结构性金属板和外壳上的搭接缝和凸缘时，搭接点焊是一种常用的快速有效的方法。这种方法也是设定点焊时间脉冲，但要将点焊喷嘴放在外层金属板凸缘的上方，角度大约为 90°，这样就使其能同时接触两层金属板。电弧融入凸缘后进入下层金属板。

3）连续脉冲点焊在对接焊中的使用

气体保护连续点焊应使用一般的喷嘴，不使用点焊喷嘴。进行连续点焊时，要将点焊的方法和连续焊的焊枪操作和运行方法结合起来。

焊接操作可以看作焊接—冷却—焊接—冷却的过程，在电弧关闭的时间内，刚才焊接过的部位会稍有冷却并开始凝固，然后再进行下一个部位的焊接。这种间歇方式产生的变形较小，熔透和烧透较少。连续点焊的这些特征使它适用于薄型装饰性金属板的连续焊接。

连续点焊的间歇式冷却和凝固使它的变形比连续焊接小。对立焊或仰焊缝进行连续点焊时，焊接熔池不会因过热而导致熔融金属流淌。

任务实施

（一）作业准备

1. 工具

大力钳、U形大力钳、直尺、记号笔、游标卡尺、尖嘴钳。

2. 防护用品

棉质手套、焊接手套、焊接护脚、焊接工作服、焊接围裙、焊接防护头盔。

3. 实训器材

待焊接板件、二氧化碳气体保护焊焊机、焊接架。

（二）操作步骤

1. 焊前准备

在进行焊接作业前，应穿戴焊接防护用品，如图5-22所示：焊接手套、焊接护脚、焊接工作服、焊接围裙、焊接防护头盔。

2. 试焊

（1）进行二氧化碳气体保护焊的试焊。根据板材的材质和厚度调节合适的焊接电流和送丝速度，如图5-23所示。

图5-22 穿戴防护用品

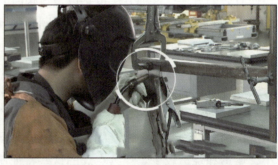

图5-23 调节合适的焊接电流和送丝速度

（2）进行连续焊接的试焊，如图5-24所示。

（3）检查焊接质量并调整焊接参数，如图5-25所示。

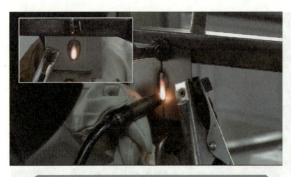
图 5-24 进行连续焊接的试焊

图 5-25 检查焊接质量并调整焊接参数

3. 对待焊板件进行定位

（1）用大力钳分别固定两个待焊接的板件（图 5-26），两板件之间留出 2~3mm 缝隙作为焊料的填充区域。

（2）用记号笔画出需焊接的焊缝长度，如图 5-27 所示。

图 5-26 固定板件

图 5-27 用记号笔画出焊缝长度

4. 对接焊作业

（1）选择二氧化碳气体保护焊焊机，在需焊接的部位实施连续焊作业，如图 5-28 所示。

（2）检验焊接质量，如图 5-29 所示。

图 5-28 实施连续焊作业

图 5-29 检验焊接质量

5. 整理工位

整理工位，清理施工现场，如图 5-30 所示。

图 5-30 整理工位

学习小结

1. 焊接连接方式

焊接是对需要连接的金属板件加热，使其共同熔化，最后结合在一起的方式。

2. 焊接的类型

焊接的类型有压焊、熔焊、钎焊。

3. 二氧化碳气体保护焊的工作原理

二氧化碳气体保护焊使用一根焊丝，焊丝以一定的速度自动进给，在板件和焊丝之间出现电弧，电弧产生的热量使焊丝和板件熔化，然后将板件熔合并连接在一起。

4. 二氧化碳气体保护焊焊接设备

二氧化碳气体保护焊设备主要由控制部分、减压阀、二氧化碳气瓶、送丝机构、焊机、搭铁夹、电缆、气管和焊枪组成。

5. 二氧化碳气体保护焊焊接参数的调整

修理人员在焊接时需要对下列参数进行调整：焊机输入电压、焊接电流、电弧电压、导电嘴与板件之间的距离、焊枪角度、焊接方向、保护气体的流量、焊接速度和送丝速度。

6. 二氧化碳气体保护焊的焊接位置

二氧化碳气体保护焊焊接中操作位置有平焊、横焊、立焊、仰焊。

7. 二氧化碳气体保护焊焊接中的 6 种基本操作方法

二氧化碳气体保护焊焊接中基本的操作方法有定位焊、连续焊、塞焊、点焊、搭接点焊和连续点焊 6 种。

8. 车身板件焊接的基本操作方法

车身修理所用的二氧化碳气体保护焊的基本操作方法有对接焊、搭接焊和塞焊。

9. 对接焊的基本操作方法

（1）连续焊在对接焊中的使用：每次焊接长度不要过长；分段焊接，注意冷却；焊接金属薄板需采用点焊。

（2）脉冲点焊在对接焊中的使用：脉冲点焊间隔时间的设定值取决于工件的厚度。

（3）连续脉冲点焊在对接焊中的使用：焊接—冷却—焊接—冷却。

10. 对接焊操作步骤

（1）焊前准备。
（2）试焊。
（3）对待焊板件进行定位。
（4）对接焊作业。
（5）整理工位。

任务评价

操作考核评价表见表5-3。

表5-3 操作考核评价表

考核项目	评分标准	分数	学生自评	小组互评	教师评价	备注
团队合作	是否和谐	5				
活动参与	是否积极主动	5				
任务方案	是否正确、合理	15				
安全生产	有无安全隐患	10				
操作过程	（1）焊前准备； （2）试焊； （3）对待焊板件进行定位； （4）对接焊作业； （5）整理工位	30				
任务完成情况	是否圆满完成	5				
工具使用情况	是否规范标准	10				
劳动纪律	是否严格遵守	5				
现场"5S"管理	是否做到	10				
工单填写	是否完整、规范	5				
总　　分		100				
教师签名			年　　月　　日		得分：	

任务 2　搭接焊

任务目标

（1）掌握搭接焊的基本操作方法。
（2）能够规范操作完成板件的搭接焊作业。

知识准备

搭接焊的基本操作方法

搭接焊的基本操作方法与对接焊类似，所不同的是其上表面只有一个棱边。搭接焊只能用于修理原先在制造厂进行过这种焊接的部位，或用于修理外板和非结构性的金属板。当需要焊接的金属多于两层时，不可采用这种方法。

搭接焊操作时也要采用对接焊中所采用的温度控制方法，不能连续进行焊接，应按照能使焊接部位自然冷却并预防温度上升的顺序进行焊接。

任务实施

（一）作业准备

1. 工具

平口大力钳、U 形大力钳、直尺、记号笔、游标卡尺、尖嘴钳、锤子。

2. 防护用品

棉质手套、焊接手套、焊接护脚、焊接工作服、焊接头盔。

3. 实训器材

待焊接板件、二氧化碳气体保护焊焊机、焊接架、台虎钳。

（二）操作步骤

1. 固定焊片

（1）戴上棉质手套，如图 5-31 所示。

（2）打开焊机电源，调节电流和焊接模式以及出丝速度，如图5-32所示。

图5-31 戴上棉质手套

图5-32 调节电流和焊接模式以及出丝速度

⚠️ **注意事项**

根据当地电压决定调节电流大小，出丝速度由机器自身性能决定。

（3）打开钢瓶气阀，检查气阀，如图5-33所示。
（4）检查并调节气体流量，如图5-34所示。

图5-33 打开钢瓶气阀，检查气阀

图5-34 检查并调节气体流量

⚠️ **注意事项**

①正常气压为2~12MPa，若气压低于2MPa，应更换为充满气体的钢瓶。

②打开气体流量调节阀，一只手按住焊枪开关，眼睛观察流量钢珠（立焊时气压为10~15MPa）。

③调节气体流量时需要把焊机主开关关闭，避免浪费焊丝。调节完毕后将焊枪放于焊接平台上。

（5）将固定焊接架升到合适位置，焊接架标准高度位置应比肩高10cm为宜，并拧紧焊接横梁的锁止螺栓，如图5-35所示。

（6）穿焊接护脚和焊接工作服，如图5-36所示。

图5-35　固定焊接架

图5-36　穿焊接护脚和焊接工作服

（7）使用抹布清洁焊片，如图5-37所示。

（8）使用平口大力钳固定焊片，用钢尺测量板件间隙为2~3mm，如图5-38所示。

图5-37　清洁焊片

图5-38　固定焊片

（9）使用U形大力钳将焊片固定在焊接架上，如图5-39所示。

⚠ 注意事项

使用U形大力钳之前要调整好大力钳的开度大小。

（10）将焊枪与焊丝的伸出长度匹配为5~8mm，如图5-40所示。

图5-39　将焊片固定在焊接架上

图5-40　匹配焊枪与焊丝伸出长度

2. 进行焊接

（1）戴上焊接手套和焊接头盔，如图5-41所示。

（2）根据焊接规范要求进行焊片的焊接，焊接时应注意双手不能抖动，一只手应靠在焊片上，如图5-42所示。

图5-41 戴上焊接手套和焊接头盔

图5-42 进行焊片的焊接

⚠ 注意事项

焊接时，左右两腿错位开立，两腿之间最大宽度为50~60cm。左腿半弯，右腿半直，左右两臂交替握枪，腰要挺直。面部与工件接近平行视觉，右耳与工件成直线，焊枪和工件调整成75°，这是把面部与工件转成10°~15°的焊接视角。

3. 测量

使用游标卡尺测量焊疤的厚度、宽度和长度（图5-43~图5-45）：板件正面焊接最大厚度≤3mm；金属最大穿透厚度为0~1.5mm，宽度为0~5mm；焊疤正面宽度为5~10mm；焊疤正面长度为5~38mm。

图5-43 测量焊疤厚度

图5-44 测量焊疤宽度

4. 归位

（1）将焊枪和搭铁线放回原位，如图5-46所示。

图 5-45 测量焊疤长度

图 5-46 将焊枪和搭铁线放回原位

> ⚠ **注意事项**
>
> 焊枪和搭铁线可挂于钢瓶泄压阀处,也可收好放于焊机上。

(2)将流量调节阀和钢瓶出气阀全部关闭,将电压调节开关、电源开关、送丝调节按钮全部调回原位,如图 5-47 所示。

(3)松开焊接横梁的锁止螺栓,将焊接架横梁放回原位,如图 5-48 所示。

图 5-47 将流量调节阀和钢瓶出气阀全部关闭

图 5-48 将焊接架横梁放回原位

5. 撕裂试验

(1)将一层板件固定在台虎钳上,另一层用大力钳夹紧,如图 5-49 所示。

(2)进行撕裂试验,如图 5-50 所示。

图 5-49 将板件固定在台虎钳上

图 5-50 进行撕裂试验

（3）破坏性试验后要敲平板件，对接焊板金属上必须有与焊疤长度相等的一个痕迹，如图5-51所示。

6. 整理工位

清洁平台上所有工具和量具并整理摆放回原位，如图5-52所示。

图5-51 对接焊板金属上的痕迹

图5-52 整理工位

学习小结

1. 搭接焊的基本操作方法

搭接焊的基本操作方法与对接焊基本类似，所不同的是其上表面只有一个棱边。当需要焊接的金属多于两层时，不可采用这种方法。操作时应按照能使焊接部位自然冷却并预防温度上升的顺序进行焊接。

2. 搭接焊的操作步骤

（1）固定焊片。
（2）进行焊接。
（3）测量。
（4）归位。
（5）撕裂试验。
（6）整理工位。

任务评价

操作考核评价表见表5-4。

表5-4 操作考核评价表

考核项目	评分标准	分数	学生自评	小组互评	教师评价	备注
团队合作	是否和谐	5				
活动参与	是否积极主动	5				

续表

考核项目	评分标准	分数	学生自评	小组互评	教师评价	备注
任务方案	是否正确、合理	15				
安全生产	有无安全隐患	10				
操作过程	（1）固定焊片； （2）进行焊接； （3）测量； （4）归位； （5）撕裂试验； （6）整理工位	30				
任务完成情况	是否圆满完成	5				
工具使用情况	是否规范标准	10				
劳动纪律	是否严格遵守	5				
现场"5S"管理	是否做到	10				
工单填写	是否完整、规范	5				
总　　分		100				
教师签名			年　　月　　日		得分：	

任务 3　塞焊

任务目标

（1）掌握塞焊的基本操作方法。
（2）能够规范操作完成板件的塞焊作业。

知识准备

塞焊的基本操作方法

在车身修理中，可采用塞焊代替汽车制造厂的电阻点焊。塞焊经常用于车身上曾在汽车制造厂进行过电阻点焊的所有地方，它的应用不受限制，而且焊接后的接头具有足够的强度来承受各结构件的载荷。塞焊还可用于装饰性的外部板件和其他金属薄板上。

塞焊是点焊的一种形式，它是通过一个孔进行点焊的。在需要连接的外层板件上钻（或冲）一个孔来进行焊接，一般结构性板件的孔直径为 8mm，装饰性板件上孔的直径为 5mm，在装饰板件上，孔太大会使后面的打磨工作量加大。先将两板件紧紧地固定在一起，焊枪和被焊接的表面保持一定的角度，将焊丝放入孔内，短暂触发电弧，然后断开触发器，熔融金属填满该孔并凝固。

间断的塞焊焊接会在金属表面上产生一层氧化物薄膜，而形成气泡。如果发生这种情况，可用钢丝刷清除氧化物薄膜。在进行一个孔的焊点塞孔焊时要求一次完成，避免二次焊接。

塞焊焊接过的部位应自然冷却，然后才可以焊接相邻部位。不能用水或压缩空气对焊点周围进行强制冷却。让其缓慢、自然地冷却，这样可以减少金属板的变形，并使其保持原有的强度。

塞焊还用于将两件以上的金属板连接在一起。当需要将两件以上的金属板焊接在一起时，应在每一层金属板上冲一个孔（最下面的金属板除外）。下层金属板的塞焊孔直径应小于最上层金属板塞焊孔的直径。采用塞焊方法焊接不同厚度的金属板时，应将较薄的金属板放在上面，并在其上冲较大的孔，这样可以保证较厚的金属板能先熔化。

进行高质量塞焊的要素有以下几个。

①调整至适当的时间、电流、温度。
②把各工件紧密地固定在一起。
③焊丝与被焊接的金属相容。
④底层金属应首先熔化。
⑤夹紧装置必须位于焊接位置附近。

任务实施

（一）作业准备

1. 工具

平口大力钳、U形大力钳、直尺、记号笔、游标卡尺、尖嘴钳、锤子。

2. 防护用品

棉质手套、焊接手套、焊接护脚、焊接工作服、焊接头盔。

3. 实训器材

待焊接板件、二氧化碳气体保护焊焊机、焊接架、台虎钳。

（二）操作步骤

1. 焊接前准备

戴上棉质手套，如图5-53所示。

2. 焊接

（1）打开焊机电源，调节电流、焊接模式及出丝速度，如图5-54所示。

图5-53　戴棉质手套

图5-54　调节电流、焊接模式及出丝速度

⚠️ **注意事项**

根据当地电压决定调节电流的大小，出丝速度由机器自身性能决定。

（2）打开并检查钢瓶气阀，如图5-55所示。

（3）检查并调节气体流量，如图5-56所示。

图5-55　打开并检查钢瓶气阀

图5-56　检查并调节气体流量

⚠️ **注意事项**

①正常气压为2~12MPa，若气压低于2MPa，应更换为充满气体的钢瓶。

②打开气体流量调节阀，一只手按住焊枪开关，眼睛观察流量钢珠（立焊时气压为10~15MPa）。

③调节气体流量时需要把焊机主开关关闭，避免浪费焊丝。调节完毕后将焊枪放于焊接平台上。

（4）将固定焊接架升到合适位置，焊接架标准高度位置应比肩高 10cm 为宜；同时，应拧紧焊接横梁的锁止螺栓，如图 5-57 所示。

（5）使用抹布清洁焊片，如图 5-58 所示。

图 5-57　固定焊接架

图 5-58　清洁焊片

（6）使用平口大力钳固定焊片，如图 5-59 所示。

（7）使用 U 形大力钳把焊片固定在焊接架上，如图 5-60 所示。

图 5-59　固定焊片

图 5-60　将焊片固定在焊接架上

⚠ 注意事项

使用大力钳之前要调整好大力钳的开度大小。

（8）穿上焊接护脚和焊接工作服，如图 5-61 所示。

（9）清洁焊枪头并剪掉焊瘤，如图 5-62 所示。

图 5-61　穿上焊接护脚和焊接工作服

图 5-62　清洁焊枪头并剪掉焊瘤

> ⚠ **注意事项**
>
> 剪掉焊瘤时,不要将喷嘴指向操作人员的面部和其他人。将焊枪朝下,把焊瘤剪下放入杂物箱内,防止伤害到人。

(10)将焊枪头部放于防堵膏盒中,使头部黏上一层防堵膏,如图5-63所示。

(11)戴上焊接手套及焊接头盔,如图5-64所示。

图5-63 涂抹防堵膏

图5-64 戴上焊接手套及焊接头盔

> ⚠ **注意事项**
>
> 焊接面罩镜片最好使用瞬时变色镜片,这样有利于在焊接过程中观察焊接的纹路。

(12)根据焊接规范要求进行板件的填充焊接(图5-65)。焊接手法使用塞焊时从右侧三点钟方向开始起弧,沿顺时针走一圈,再慢慢往里缩,共1.4圈,一定要将焊枪握稳。

3 归位

(1)将焊枪和搭铁线放回原位,如图5-66所示。

图5-65 板件的填充焊接

图5-66 将焊枪和搭铁线放回原位

> ⚠️ **注意事项**
>
> 焊枪和搭铁线可挂于钢瓶泄压阀处,也可收好放于焊机上。

(2)将流量调节阀和钢瓶出气阀全部关闭,将电压调节开关、电源开关、送丝调节按钮全部调回原位,如图 5-67 所示。

(3)松开焊接横梁的锁止螺栓,将焊接架横梁放回原位,如图 5-68 所示。

图 5-67 将流量调节阀和钢瓶出气阀全部关闭

图 5-68 将焊接架横梁放回原位

4. 破坏性试验

(1)将两片厚度为 1mm 的焊片十字交叉,进行焊接,如图 5-69 所示。

(2)将一片焊片固定在台虎钳上,另一片用大力钳夹紧,如图 5-70 所示。

图 5-69 焊片交叉焊接

图 5-70 将焊片固定在台虎钳上

(3)进行撕裂试验,如图 5-71 所示。

(4)将撕裂后的焊片用钣金锤敲平,使用游标卡尺测量焊片的焊疤直径,如图 5-72 所示。

塞焊质量要求:

①焊疤直径为 10~13mm,焊件正面焊接最大厚度为 3mm,金属最大穿透厚度为 0~1.5mm。

②破坏性试验后,下层板金属上必须有直径 ≥ 9mm 的孔。

图 5-71 进行撕裂试验

图 5-72 测量焊疤

5. 整理工位

清洁平台上所有工具和量具并整理摆放至原位，如图 5-73 所示。

图 5-73 整理工位

学习小结

1. 塞焊的基本操作方法

塞焊需要在连接的外层板件上钻（或冲）一个孔来进行焊接，下层金属板的塞焊孔直径应小于最上层金属板塞焊孔的直径，应将较薄的金属板放在上面，并在其上冲较大的孔。在进行一个孔的焊点塞焊时要求一次完成，避免二次焊接。塞焊焊接过的部位应自然冷却，然后才可以焊接相邻部位。

进行高质量塞焊的要素有以下几个。

①调整至适当的时间、电流、温度。
②把各工件紧密地固定在一起。
③焊丝与被焊接的金属相容。
④底层金属应首先熔化。
⑤夹紧装置必须位于焊接位置附近。

2. 塞焊的操作步骤

（1）焊接前准备。
（2）焊接操作。
（3）归位。
（4）破坏性试验。
（5）整理工位。

任务评价

操作考核评价表见表 5-5。

表 5-5 操作考核评价表

考核项目	评分标准	分数	学生自评	小组互评	教师评价	备注
团队合作	是否和谐	5				
活动参与	是否积极主动	5				
任务方案	是否正确、合理	15				
安全生产	有无安全隐患	10				
操作过程	（1）焊接前准备； （2）焊接操作； （3）归位； （4）破坏性试验； （5）整理工位	30				
任务完成情况	是否圆满完成	5				
工具使用情况	是否规范标准	10				
劳动纪律	是否严格遵守	5				
现场"5S"管理	是否做到	10				
工单填写	是否完整、规范	5				
总 分		100				
教师签名			年　月　日		得分：	

项目六
电阻点焊作业

▶ **项目导入**

电阻点焊在欧洲和日本的整体式车身修理中已使用了30多年，现在越来越多的中国汽车制造厂也指定用电阻点焊来修理焊接他们制造的汽车。作为车身修理人员，有必要掌握电阻点焊的操作方法。

本项目主要介绍电阻点焊作业的具体内容，使人们对电阻点焊作业有所认识，并能够掌握电阻点焊的作业流程。

学习目标

知识目标
（1）能够了解电阻点焊的特点。
（2）能够认知电阻点焊的焊接原理。
（3）能够掌握电阻点焊机设备的组成。
（4）能够认知电阻点焊机调整的具体内容。
（5）能够认知影响电阻点焊焊接质量的操作事项的具体内容。
（6）能够掌握电阻点焊焊接质量的检验方法。

技能目标
（1）能够规范地使用和维护相关的工具和设备。
（2）能够按照规范操作完成电阻点焊作业。

素养目标
（1）了解安全操作要求，重视人员身体安全与防护，养成安全文明操作的习惯。
（2）养成组员之间互相协作的习惯。

项目任务

任务 电阻点焊作业

任务目标

（1）能够了解电阻点焊的特点。
（2）能够认知电阻点焊的焊接原理。
（3）能够掌握电阻点焊机设备组成。
（4）能够认知电阻点焊机调整的具体内容。
（5）能够认知影响电阻点焊焊接质量的操作事项的具体内容。
（6）能够掌握电阻点焊焊接质量的检验方法。
（7）能够规范操作完成电阻点焊作业。

知识准备

1. 电阻点焊的特点

电阻点焊是汽车制造厂在流水线上对整体式车身进行焊接时最常用的一种方法。在整体式车身上进行的焊接中，90%~95% 采用电阻点焊。

在修理大量采用高强度钢和超高强度钢的车身时，要求采用电阻点焊机进行焊接修理。这种焊接方式像制造厂进行焊接那样进行点焊连接。在使用点焊设备时，操作者必须选择合适的加长臂和电极，以便到达需要焊接的部位。采用挤压式电阻点焊机进行焊接时，应适当调整对金属板的夹紧力。在一些设备上，可同时调整电流强度和焊接时间。调整完毕后，将点焊机定位在需要焊接的金属板处，一定要使电极的极性彼此相反，然后触发开关进行点焊。

在进行焊接前，要先查阅汽车制造厂提供的汽车维修说明书。更换车身上各种面板和内部板件时，所有焊接接头的大小应和原来制造厂的焊接接头相似。除电阻点焊外，更换零部件后的焊接接头的数量应和原来的焊接接头数量相等。强度和耐久性由焊接到车身上的零部件位置决定。根据部件的功用和物理性能与在车身上的位置等因素，各汽车制造厂都规定了修理中各部件最佳的焊接方法。

车身修理所用的电阻点焊机通常是指需要在金属板的两边同时进行焊接的设备（双面点焊设备），而不是指那种从同一边将两块金属板焊接起来的点焊机（单面点焊设备）。双面点焊用于结构性部件的点焊，而单面点焊的强度比较低，一般只能用于外部装饰性面板的焊接。

电阻点焊过程中产生的热量少，对板件的影响小，可以进行快速、高质量的焊接，对操作者要掌握的操作技巧的要求也比较少。

电阻点焊机适用于焊接整体式车身上要求焊接强度好、不变形的薄型零部件，如车顶、窗洞和门洞、车门槛板以及许多外部壁板等部件。使用电阻点焊机时，修理人员必须知道如何调整焊机，如何进行试焊和焊接。

电阻点焊焊接有以下几个优点。

（1）焊接成本比气体保护焊等低。
（2）没有焊丝、焊条或气体等消耗。
（3）焊接过程中不产生烟或蒸气。
（4）焊接时不需要去除板件上的镀锌层。
（5）焊接接头的外观质量与制造厂的焊接接头完全相同。
（6）不需要对焊缝进行研磨。
（7）速度快，只需 1s 或更短的时间便可焊接高强度钢、高强度低合金钢或低碳钢。
（8）焊接强度高、受热范围小、金属不易变形。

2. 电阻点焊的焊接原理

电阻点焊是利用低电压、高强度的电流流过夹紧在一起的两块金属板时产生的大量电阻热，用焊枪（焊炬）电极的挤压力把它们熔合在一起，如图 6-1 所示。

电阻点焊的三个主要参数如下：

（1）电极压力。两个金属件之间的焊接机械强度与焊枪电极施加在金属板上的力有直接关系。当焊枪电极将金属板挤压到一起时，电流从焊枪电极流入金属板，使金属熔化并熔合。焊枪电极的压力太小、电流过大都会产生焊接飞溅物，导致焊接接头强度降低。焊枪电极压力太大会引起焊点

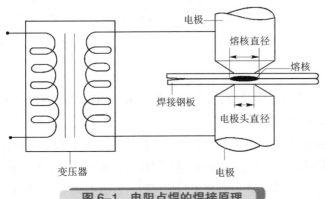

图6-1 电阻点焊的焊接原理

过小（图6-2）并降低焊接部位的机械强度。焊枪电极压力过高会使电极头压入被焊金属软化的部位过深，导致焊接质量降低。

（2）焊接电流。给金属板加压后，一股很强的电流通过焊枪电极流入两个金属板件中。金属板的接合处电阻值最大，电阻热使金属板的温度迅速上升，如图6-3（a）所示。如果电流不断流过，金属便熔化并熔合在一起，如图6-3（b）所示。电流太大或压力太小，将会产生内部溅出物。如果适当减小电流强度或增加压力，便可使焊接溅出物减少到最小值。焊接电流和施加在点焊部位的压力对焊接质量都有直接影响。

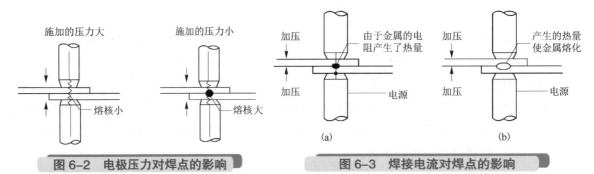

图6-2 电极压力对焊点的影响　　图6-3 焊接电流对焊点的影响

一般通过焊点部位颜色变化可以判断电流的大小（图6-4），焊接电流正常时焊点中间电极触头接触部分的颜色不会发生变化，与未焊接之前的颜色相同，焊接电流过大时焊点中间电极触头接触部分的颜色变成天蓝色。

（3）加压时间（图6-5）。电流停止后，焊接部位熔化的金属开始冷却，凝固的金属形成了圆而平的焊点。焊点施加的压力合适会使焊点的结构非常紧密，有很高的机械强度。加压时间是一个非常重要的因素，时间太短会使金属熔合不够紧密，焊接操作时的加压时间一般不短于焊机说明书上的规定值。

3. 电阻点焊机设备的组成

电阻点焊机由变压器、控制器和带有可更换电极臂的焊枪（焊炬）组成，如图6-6所示。

变压器：变压器将低电流强度为220V或380V的车间线路电流转变成低电压（2~5V）、高电流强度的焊接电流，避免了电击的危险。

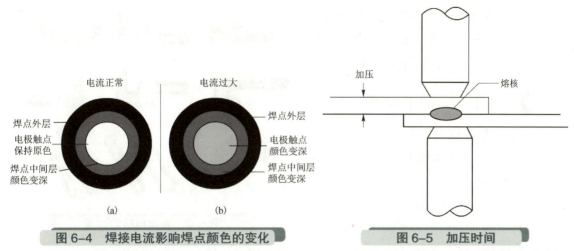

图6-4 焊接电流影响焊点颜色的变化　　　图6-5 加压时间

焊机控制器：焊机控制器可调节变压器输出焊接电流的强弱，并可以调节出焊接电流通过的精确时间。

焊枪（焊炬）：焊枪通过电极臂向被焊金属施加挤压力，并流入焊接电流。

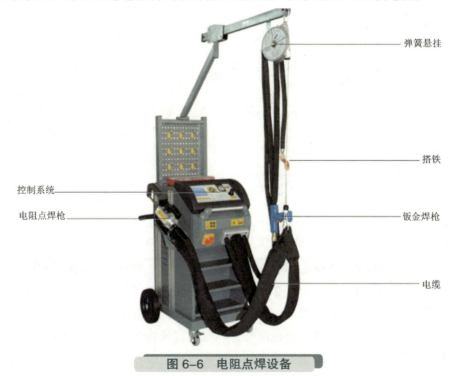

图6-6 电阻点焊设备

车身修理所使用的大多数焊枪，随着焊臂的加长焊接压力会减小，焊接质量会下降。当配备100mm或更短的缩短型电极臂时，其最大焊接能力达二层2.5mm厚的钢板。一般要求配有加长型或宽距离电极臂的焊机至少可焊接二层1mm厚的钢板。

用于整体式车身修理的电阻点焊机可带有全范围的可更换电极臂装置，能够焊接车身上各个部位的板件。各种电极臂的选用可以焊接汽车上大多数难以焊接的部位，例如轮口边缘、流水槽、后灯孔，以及地板、车门槛板、窗洞、门洞和其他焊接部位。修理人员在修理车身时，应查阅修理手册并寻找合适的专用电极臂，以便对汽车上难以焊接的部位进行焊接。各类电极臂装置如图6-7所示。

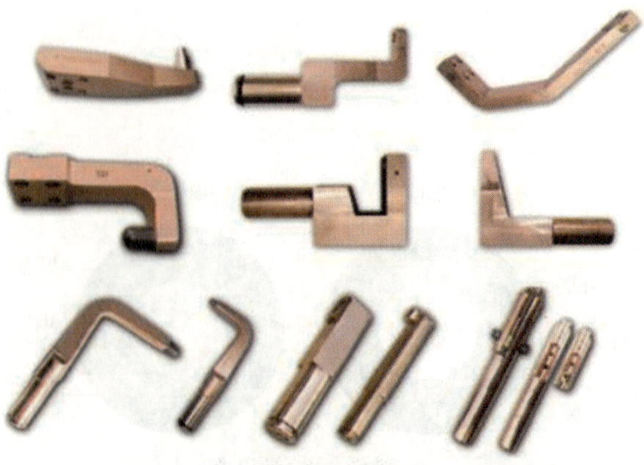

4. 电阻点焊机的调整

为使点焊部位有足够的强度，在进行操作前请按下列步骤对电阻点焊机进行检查和调整。

（1）选择电极臂。应根据需要焊接的部位选择电极臂，如图6-8所示。电极臂选择的原则是若多个电极臂都可以焊接某一部位，则应尽量选择最短的电极臂。

（2）调整电极臂。为了获得最大的焊接压力，焊枪的电极臂应尽量缩短。要将焊枪电极臂和电极头完全拧紧，使它们在工作过程中不会松开，如图6-9所示。

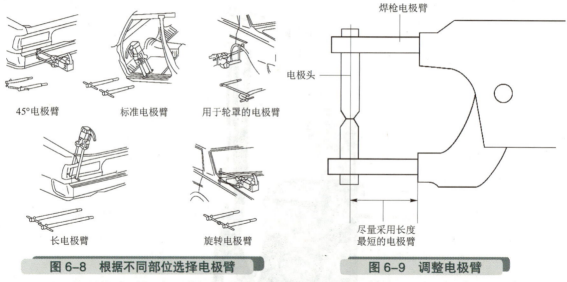

图6-7 各类电极臂装置

图6-8 根据不同部位选择电极臂

图6-9 调整电极臂

（3）电极头的正确调整。将上下2个电极头对准在同一条轴线上。电极头对准状况不好将引起加压不充分，会造成电流过小，导致焊接部位的强度降低，如图6-10所示。

（4）选择电极头直径。电极头直径增加，焊点的直径将减小。当电极头直径小到一定值后，焊点直径将不再增大。必须选择适当的电极头直径，以便获得理想的焊接深度。确定电极头的方法如图6-11所示。

在开始操作前应注意电极头直径是否合适，然后用锉刀将它锉光，以便清除电极头表面的燃烧生成物和杂质。当电极头端部的杂质增加，该处的电阻也随之增加，这将减小流入母材的电流并减少焊接熔深，导致焊接质量下降。连续焊接一段时间后，电缆线和电极头前端会因为散热不好而造成过热。这将使电极头前端过早地损坏而增大电阻，并引起焊接电流急剧下降。在使用没有强制冷却（循环水冷却）的电极操作时，可在焊接5~6次后，让电极头前端冷却后再进行焊接。

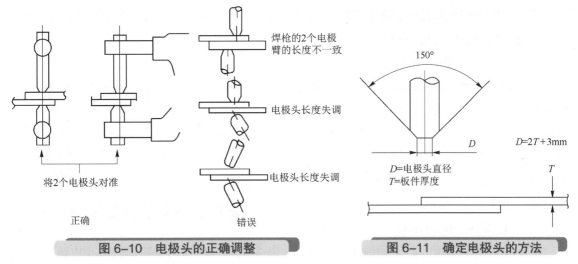

图 6-10 电极头的正确调整　　　图 6-11 确定电极头的方法

如果电极头前端损坏，要使用专用清理工具对其进行整形，如图 6-12 所示。

（5）调整电流流过的时间。电流流过的时间也和焊点的形成有关。当电流流过的时间延长时，所产生的热量增加，焊点直径和焊接熔深随之增大，焊接部位散发出的热量随着通电时间的延长而增加。经过一定的时间后，焊接温度将不会再增加，即使通电时间超过这一时间，点焊直径也不会再增大，有可能产生电极前端的压痕和热变形。

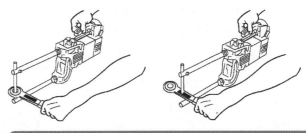

图 6-12 使用专用清理工具对电极头端部进行整形

许多简单的点焊机都无法调整施加的压力和焊接电流，而且其电流强度值较低。这些焊机在操作时可适当通过延长通电时间（即让低强度的电流流过较长的时间）来保证焊接的强度。

根据金属板厚度来调节电极臂的长度及焊接时间，一般能得到比较好的焊接效果。如果焊机的说明书上已列有这些数值，最好在调节过后对金属样片进行试焊，然后再检验焊接质量来调整焊接参数。

对车身上的防锈钢板进行焊接时，应将焊接普通钢板的电流强度提高 10%~20%，以弥补电流强度的损失。一般简单的点焊机如果无法调节电流强度，可适当延长通电时间。一定要将防锈钢材和普通钢材区分开，因为在进行打磨准备焊接时，防锈钢板上的锌保护层不能和油漆一起被清除。

5. 影响电阻点焊焊接质量的操作事项

电阻点焊的操作相对比较简单。开始焊接时，修理人员拿起焊枪并将它放在适当的位置，使其电极与车身上需要焊接的部位相接触，然后触发压力开关，将焊接压力施加在需要焊接的金属板的两边。由于已经给金属板施加并保持了一个压力，加力机构便激发一个电信号。电信号进入焊接机控制器后，焊接电流被接通，经过预定的时间后又被切断。由于焊接时间通常都小于 1s，整个焊接过程进行得很快。

使用电阻点焊机焊接时,除了焊机本身的电流、压力、电极臂等因素影响焊接的质量外,还有下列问题会影响焊接质量。

1)工件焊接表面的间隙

两个焊接表面之间的任何间隙都会影响电流的通过。不消除这些间隙也可进行焊接,但焊接部位将会变小而降低焊接的强度,因此,焊接前要将两个金属表面整平以消除间隙,还要用一个夹紧装置将两者夹紧,如图6-13所示。

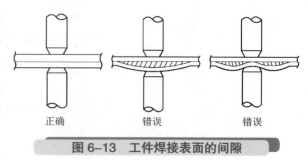

图6-13 工件焊接表面的间隙

2)工件焊接表面的处理

需要焊接的金属板表面上的油漆层、锈斑、灰尘或其他任何污染物都会减小电流强度而使焊接质量降低,所以要将这些物质从焊接的表面上清除,如图6-14所示。

3)工件焊接表面的防锈处理

在需要焊接的金属板表面上涂一层导电系数较高的防锈底漆。必须将防锈底漆均匀地涂在所有裸露金属板上(包括金属板的端面上),如图6-15所示。

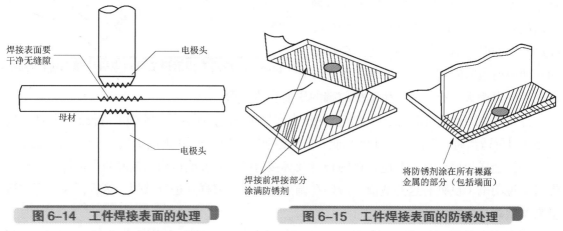

图6-14 工件焊接表面的处理　　图6-15 工件焊接表面的防锈处理

4)点焊操作

进行点焊操作时,要做到以下几点。

①尽量采用双面点焊的方法。对于无法进行双面点焊的部位,可采用气体保护焊焊接中的塞焊法来焊接,而不能用单面点焊来焊接结构性板件。

②电极和金属板之间的夹角应成90°。如果这个角度不正确,电流强度便会减小,会降低焊接接头的强度,如图6-16所示。

③当三层或更多层的金属重叠在一起时,应进行两次点焊或加大焊接电流,如图6-17所示。

5)焊点数量

修理用的电阻点焊机功率一般小于制造厂的点焊机功率,因此,和制造厂的点焊相比,修理中进行点焊时,应将焊点数量增加30%。

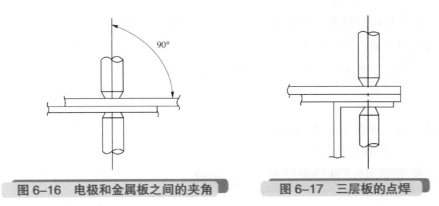

图 6-16　电极和金属板之间的夹角　　　图 6-17　三层板的点焊

6）最小焊接间距

点焊的强度取决于焊点的间距（两个焊点之间的距离）和边缘距离（焊点到金属板边缘的距离）。两层金属板之间的结合力随着焊接间距的缩小而增大。但如果再进一步缩小间距，结合力将不再增大，这是因为焊接电流将流向已被焊接过的焊点产生分流，焊接部位流过电流变小，焊接强度下降。随着焊点数量的增加，这种往复的分流电流也相应增加。这种分流的电流并不会使原先焊接处的温度升高。最小焊接间距如图 6-18 和表 6-1 所示。

电阻点焊间距俯视图如图 6-19 所示。

表 6-1　最小焊接间距

mm

板厚 t	焊点间距 S	边缘距离 P
0.4	≥ 11	≥ 5
0.8	≥ 14	≥ 5
1.0	≥ 17	≥ 6
1.2	≥ 22	≥ 7
1.6	≥ 30	≥ 8

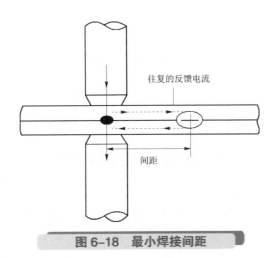

图 6-18　最小焊接间距

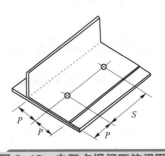

图 6-19　电阻点焊间距俯视图

7）焊点到金属板的边缘和前端的距离

到边缘的距离也是由电极头的位置决定的。即使焊接的情况正常，如果到边缘的距离不够大,也会降低焊点的强度。在靠近金属板端部的地方进行焊接时,焊点到金属板前端的距离应符合表的规定值。如果距离过小,将会降低焊接强度并引起金属板变形。焊点到金属板的边缘和前端的最小距离见表6-2,电阻点焊间距主视图如图6-20所示。

表6-2 焊点到金属板的边缘和前端的最小距离

mm

板材板厚 t	最小距离 l
0.4	≥11
0.8	≥11
1.0	≥12
1.2	≥14
1.6	≥16
2.0	≥17

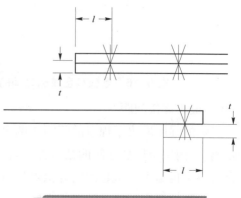

图6-20 电阻点焊间距主视图

8)电流的调整

在电阻点焊焊接时,电流流过第一个和第二个焊点的电流强度不同,特别是两层板之间的防锈剂导致导电系数降低后,第二点流过的电流会小一些,造成第二个焊点的强度下降。如果电流调大后再焊接,会造成第一个焊点电流过大。应该在正常焊完第一个焊点后,把第二个焊点的电流调大一些,这样才能得到两个焊接强度一致的焊点,如图6-21所示。

9)点焊的顺序

不要只沿着一个方向连续地进行焊接操作,这种方法会使电流产生分流而降低焊接质量。应按图6-22所示的正确顺序进行焊接。当电极头发热并改变颜色时,应停止焊接使其冷却。

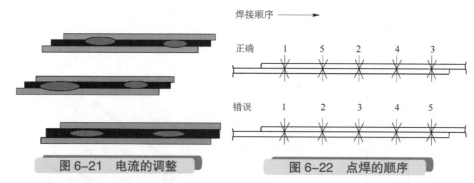

图6-21 电流的调整　　图6-22 点焊的顺序

10)角落处焊接的正确方法

不要对角落的半径部位进行焊接,如图6-23所示,对这个部位进行焊接将产生应力集中而导致开裂。焊接下列部位时,需要注意:

①前支柱和中心支柱的顶部角落。

②后顶侧板的前上方角落。

③前、后车窗角落。

6. 电阻点焊焊接质量的检验

焊点质量的检验可采用外观检验（目测）或破坏性试验。外观检验则是通过外观判断焊接质量，破坏性试验用于检验焊接的强度。

1）外观检验

除用肉眼看和手摸来检验焊接处的表面粗糙度外，还有下列任务需要检验。

①焊接位置。焊点的位置应在板件边缘的中心，不可超过边缘，还要避免在原有焊接过的焊点位置进行焊接。

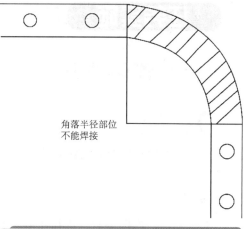

图 6-23 角落处焊接的正确方法

②焊点的数量。焊点的数量应大于汽车出厂时车身焊点数量的1.3倍。例如，原来在制造厂点焊的焊点数量为4，4的1.3倍约等于5个新的修理焊点。

③焊点间距。修理时的焊点间距应略小于汽车制造厂的焊点间距，焊点应均匀分布。间距的最小值以不产生分流电流为原则。

④压痕（即电极头压痕）。焊接表面的压痕深度不能超过金属板厚度的一半，电极头不能焊偏产生电极头孔。

⑤气孔。不能有肉眼可以看见的气孔。

⑥溅出物。用手套在焊接表面擦过时，手套不应被绊住。

2）破坏性试验

取一块和需要焊接的金属板同样材料、同样厚度的试验板件，然后按图中箭头所指的方向施加力，使焊点处分开。根据焊接处是否整齐地断开，可以判断出焊接质量的好坏。如果焊接处被整齐地分开，便可以断定焊接的质量好坏。实际进行修理焊接时不能用这种方法来检验，试验结果只能作为调整焊接参数的参考依据。

这种试验有两种方法。

①扭曲试验。扭曲后在其中一片焊片上留下一个与焊点直径相同的孔。如果孔过小或根本就没有孔，说明焊点的焊接强度太低，需要重新调整焊接参数，如图6-24所示。

②撕裂试验。撕裂后，其中一个焊片上留有一个大于焊点直径的孔。如果留下的孔过小或根本没有孔，说明焊点的焊接强度太低，需要重新调整焊接参数。

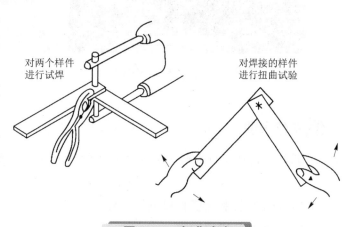

图 6-24 扭曲试验

项目六　电阻点焊作业

任务实施

（一）作业准备

1. 工具

平口大力钳、U形大力钳、划针、金属直尺、清洁工具、斜口钳。

2. 防护用品

棉质手套、焊接手套、焊接护脚、焊接工作服、焊接防护头盔。

3. 实训器材

焊片、电阻点焊焊机、焊接平台、固定焊架、空气压缩机。

（二）操作步骤

1. 穿戴防护用品

戴上棉质手套，如图 6-25 所示。

2. 焊接前准备

（1）使用抹布清洁焊片，如图 6-26 所示。

图 6-25　戴上棉质手套

图 6-26　清洁焊片

> ⚠ **注意事项**
>
> 用抹布清洁工件表面上的油渍和污物，以防止焊接后产生焊接缺陷。

（2）使用划针和金属直尺测量并确定焊接位置，划出焊点间距离，如图 6-27 所示。

（3）划出焊片横向中线。

> **注意事项**
>
> 将焊片上的 2~3 个点连成一条直线。

（4）划出焊片相互错开位置。

> **注意事项**
>
> 焊接时要求纵向重叠，但要相互错开 20mm。

（5）划线两端的最大长度为 20mm（图 6-28），定位时还需划出电极头、大小定位线作辅助线。

图 6-27 使用划针和金属直尺测量并确定焊接位置

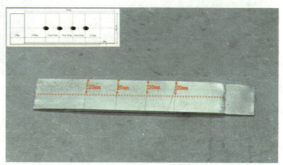

图 6-28 划线两端的最大长度为 20mm

（6）使用平口大力钳固定焊片并调整焊片间隙，如图 6-29 所示。

> **注意事项**
>
> 使用大力钳固定前应调整好其力度。

（7）将固定焊接架升至合适位置，并拧紧焊接横梁的锁紧螺栓，如图 6-30 所示。

图 6-29 使用平口大力钳固定焊片

图 6-30 将固定焊接架升到合适位置

（8）用大力钳将焊片固定在焊接架上，如图6-31所示。

> ⚠ **注意事项**
>
> 大力钳不宜过松，以造成免板件掉落。

3. 焊接

（1）连接气管，检查气压表，正常气压应为6~8MPa，如图6-32所示。

图6-31 用大力钳将焊片固定在焊接架上

图6-32 连接气管

（2）打开电阻点焊焊机电源开关，调节焊接参数，如图6-33所示。

> ⚠ **注意事项**
>
> 电流：65~90A，时间：50~80s，根据当地情况调整电压。

（3）戴上防护面罩进行试焊。

取出焊枪，一只手握住焊枪手柄，另一只手抓住活动电极头，如图6-34所示。左脚弯曲右脚直立成"工"字形。

图6-33 打开电阻点焊焊机电源开关

图6-34 另一只手抓住活动电极头

进行试焊，调整焊枪使两电极头靠在焊片上呈垂直位置，如图6-35所示。焊接过程中双手握紧焊枪，身体与双手不宜抖动。

（4）进行正式焊接，如图6-36所示。

当2个电极头夹紧焊片时才能按开电源开关，直至机器工作。警告声结束时才能打开气压开关。

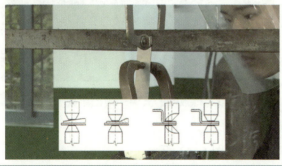
图6-35 调整焊枪使两电极头靠在焊片上呈垂直位置

图6-36 进行正式焊接

（5）焊接完毕后将焊枪放回焊机上，如图6-37所示，便于下次焊接操作。

（6）关闭电源，拔下气管，如图6-38所示。

图6-37 将焊枪放回焊机上

图6-38 关闭电源

⚠️ 注意事项

工件取下时禁止单手操作，以防止其掉落。

4. 焊接最终完成的效果

焊接最终完成的效果如图6-39所示。

5. 撕裂试验

（1）将板件的其中一层固定在台虎钳上，另外一层用大力钳夹紧，左右晃动直至两层板件分开，如图6-40所示。

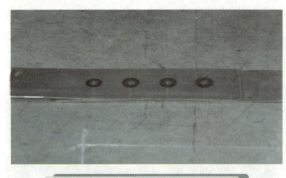

图 6-39 焊接最终完成的效果

图 6-40 将板件的其中一层固定在台虎钳上

（2）用钣金锤敲平两层板件，如图 6-41 所示。

（3）测量被破坏后的板件上出现的孔洞的大小，如图 6-42 所示。

图 6-41 用钣金锤敲平两层板件

图 6-42 测量被破坏后的板件上出现的孔洞的大小

6. 整理工位

清洁整理平台上所有工具和量具并摆放回原位，如图 6-43 所示。

学习小结

1. 电阻点焊的特点

图 6-43 整理工位

电阻点焊焊接有以下几个优点。

（1）焊接成本比气体保护焊等低。

（2）没有焊丝、焊条或气体等消耗。

（3）焊接过程不产生烟或蒸气。

（4）焊接时不需要去除板件上的镀锌层。

（5）焊接接头的外观质量与制造厂的焊接接头完全相同。

（6）不需要对焊缝进行研磨。

（7）速度快，只需 1s 或更短的时间便可焊接高强度钢、高强度低合金钢或低碳钢。

(8) 焊接强度高、受热范围小、金属不易变形。

2. 电阻点焊的焊接原理

电阻点焊是利用低电压、高强度的电流流过夹紧在一起的两块金属板时产生的大量电阻热，用焊枪（焊炬）电极的挤压力把它们熔合在一起的。

电阻点焊的三个主要参数为电极压力、焊接电流、加压时间。

3. 电阻点焊机设备的组成

电阻点焊机由变压器、控制器和带有可更换电极臂的焊枪（焊炬）组成。

4. 电阻点焊机的调整内容

（1）选择电极臂。

（2）调整电极臂。

（3）两个电极头的对准。

（4）选择电极头直径。

（5）调整电流流过的时间。

5. 影响电阻点焊焊接质量的操作事项

（1）工件焊接表面的间隙。

（2）工件焊接表面的处理。

（3）工件焊接表面的防锈处理。

（4）点焊操作。

（5）焊点数量。

（6）最小焊接间距。

（7）焊点到金属板的边缘和端部的距离。

（8）电流的调整。

（9）点焊的顺序。

（10）角落处的焊接。

6. 电阻点焊焊接质量的检验

（1）外观检验。

（2）破坏性试验。

7. 电阻点焊作业的操作步骤

（1）穿戴防护用品。

（2）焊接前准备。

（3）焊接。

（4）焊接完成效果确认。

（5）撕裂试验。

（6）整理工位。

任务评价

操作考核评价表见表 6-3。

表 6-3 操作考核评价表

考核项目	评分标准	分数	学生自评	小组互评	教师评价	备注
团队合作	是否和谐	5				
活动参与	是否积极主动	5				
任务方案	是否正确、合理	15				
安全生产	有无安全隐患	10				
操作过程	（1）穿戴防护用品； （2）焊接前准备； （3）焊接； （4）焊接完成效果确认； （5）撕裂试验； （6）整理工位	30				
任务完成情况	是否圆满完成	5				
工具使用情况	是否规范标准	10				
劳动纪律	是否严格遵守	5				
现场"5S"管理	是否做到	10				
工单填写	是否完整、规范	5				
总　分		100				
教师签名			年　　月　　日		得分：	

项目七
车门和车身损伤的修复

▶ 项目导入

一辆 2010 款爱丽舍轿车在行驶过程中发生侧面碰撞，造成车门局部凹陷变形。现在需要对变形部位及相应的塑料件进行修复。

项目七　车门和车身损伤的修复

学习目标

知识目标
（1）了解车身金属材料的特点及维修要求。
（2）熟悉车身板件修复的基本工艺过程。
（3）掌握车身板件变形的基本维修方法。

技能目标
能够掌握车门、车身损伤修复的方法和技巧。

素养目标
（1）了解安全操作要求，重视人员身体安全与防护，养成安全文明操作的习惯。
（2）养成组员之间互相协作的习惯。

项目任务

任务1　车门竖向V形损伤修复

任务目标

（1）了解车身修复的基本流程。
（2）熟悉制造车身的金属材料、各自特点及维修要求。
（3）能够按照正确的工艺流程进行车门竖向V形损伤修复作业。

知识准备

1. 车门主体结构及车门的组成

1）车门主体结构
2010款爱丽舍轿车前车门主体结构如图7-1所示。
2）车门的组成
轿车车门一般由门体、车门附件和内饰盖板三部分组成。图7-2所示为组成车门的主要零部件。

任务 1　车门竖向 V 形损伤修复

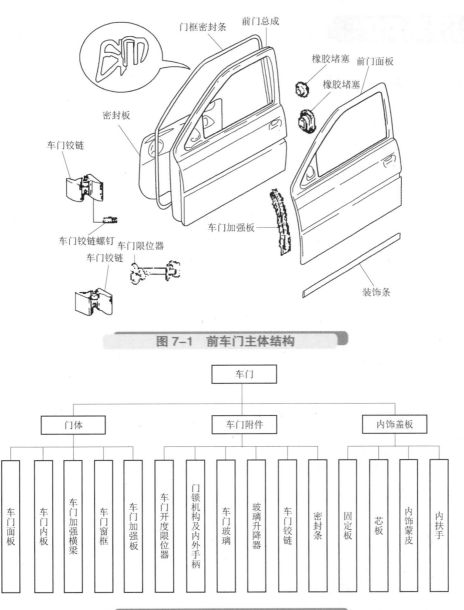

图 7-1　前车门主体结构

图 7-2　组成车门的主要零部件

2. 车门损伤

汽车碰撞一般有正面、侧面、后面3个方向。由于汽车车身设计时要考虑乘员的安全，通常在车身结构方面都进行了精心设计。汽车的车身碰撞受力的大小、方向是碰撞损伤的重要因素。汽车正面碰撞表示其传力途径和碰撞力的分散情况。因此从正面碰撞后，车门受碰撞力的影响较小，这种损伤只会影响到侧车身的前门柱，通常可以修复。后面碰撞对车门影响也不大。

侧面碰撞后如果车身基准点发生了变形则应矫正，如果侧车身车门门槛中心受到严重碰撞，则车身底板会弯曲变形，矫正可以采取牵引的方法。如果车身侧面碰撞严重，则需要更换车身构件。

任务实施

(一) 作业准备

1. 工具

手锤、顶铁、匙形铁、线凿、拉锤、直尺。

2. 防护用品

工作服、工作鞋、工作帽、线手套、防尘口罩、护目镜、耳塞。

3. 实训器材

右后门板、车门骨架、工作台、车身外形修复机。

(二) 操作步骤

1. 作业前检查

（1）检查车身外形修复机能否正常使用，如图 7-3 所示。

（2）检查防护用具是否齐全。

（3）操作前做好个人防护工作。

2. 判断损伤

（1）目视检查正面，如图 7-4 所示。

（2）目视检查左、右侧，如图 7-5 所示。

图 7-3 检查车身外形修复机　　图 7-4 目视检查正面　　图 7-5 目视检查左、右侧

（3）手感检查、手指按压，如图 7-6 所示。

（4）检查损伤内侧作业空间，如图 7-7 所示。

3. 粗修

（1）将顶铁伸入车门内侧，通过声音判断顶铁的位置。

（2）顶住沟槽内侧，通过排敲的方式分别敲击上下隆起（粗修），如图 7-8 所示。

图 7-6　手感检查

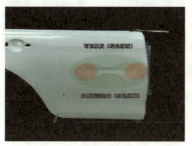

图 7-7　检查损伤内侧

图 7-8　粗修

> ⚠ **注意事项**
>
> 手锤每次走位约为锤面直径的 1/2，如图 7-9 所示。敲击时顶铁应跟着手锤移动。

图 7-9　手锤走位

（3）将折损修复到缓和状态，如图 7-10 所示。

4. 磨除沟槽内油渍

（1）连接带式打磨机，如图 7-11 所示。

（2）磨除沟槽内的油渍，如图 7-12 所示。

图 7-10　修复折损至缓和状态

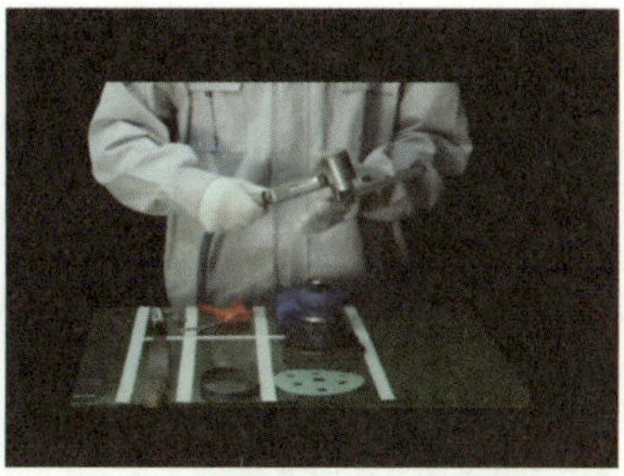

图 7-11　连接带式打磨机

图 7-12　磨除沟槽内的油渍

（3）磨除拷铁处的油漆，如图 7-13 所示。

（4）安装吹枪，吹尘并擦拭干净，如图 7-14 所示。

5. 焊接焊片

（1）夹持拷铁，安装焊接介子，紧固螺母，如图 7-15 所示。

图7-13 磨除拷铁处的油渍

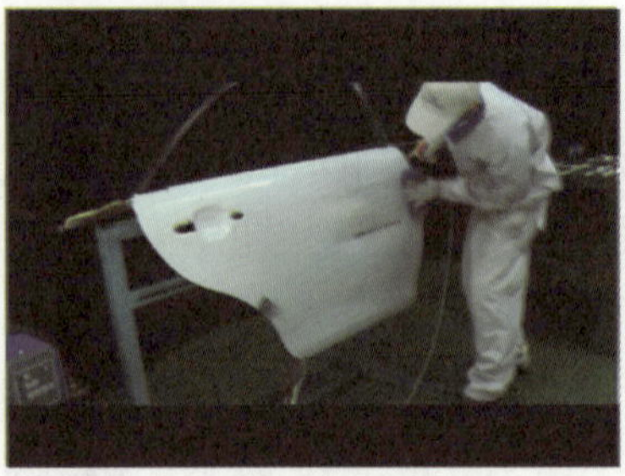

图7-14 吹尘并擦拭干净

图7-15 安装拷铁

（2）开启车身外形修复机电源，如图7-16所示。

（3）切换工作模式，调整焊接参数，如图7-17所示。

（4）试焊并适当调整焊接参数，直至符合要求，如图7-18所示。

图7-16 开启车身外形修复机

图7-17 调整焊接参数

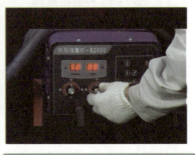
图7-18 试焊并调整焊接参数

（5）将焊枪保持垂直，从打磨区域的一端开始焊接。如果焊接不正，应进行调整，如图7-19和图7-20所示。

6. 拉伸作业

（1）取下钢轴，穿入焊接片孔内，如图7-21所示。

图7-19 焊枪垂直

图7-20 从一端开始焊接

图7-21 钢轴穿入焊接片孔

（2）安装两侧支腿，如图7-22所示。

（3）取下拉拔器，调整支腿位置，使其处于边缘刚性较强的部位。调整拉拔枪的位置，紧固螺钉，如图7-23所示。

（4）试探性拉拔并调节拉拔枪行程，锁紧拉拔枪，如图7-24所示。

（5）一只手扶住拉拔器，另一只手使用手锤敲击其上下部位，如图7-25所示。

任务1　车门竖向V形损伤修复

图7-22　安装两侧支腿

图7-23　调整拉拔枪

图7-24　试探性拉拔并调节拔枪行程

（6）松开拉拔器，勾住一侧，拉伸并敲击周围区域。

（7）用同样的方法拉伸另一侧。

（8）取下拉拔器，放回原位，拆卸两侧支腿，如图7-26所示。

（9）取下钢轴，拆卸焊片，如图7-27所示。

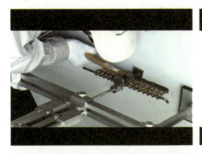
图7-25　使用手锤敲击拉拔器

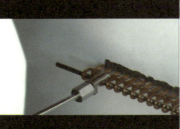
图7-26　取下拉拔器

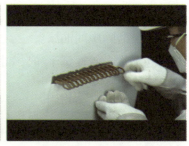
图7-27　拆卸焊片

7. 手工作业修平

（1）因顶铁从内部顶住沟槽，采用实敲的方式修复沟槽部位。并进行手感检查，通过实敲与虚敲手法相结合的方式将整个损伤区域修平，如图7-28所示。

8. 确定打磨区域

（1）选择记号笔和钢直尺，在直接损伤点以及两侧80mm处做出标记，在两个损伤点的上下80mm处做出标记，如图7-29所示。

（2）以两个损伤点为圆心，80mm为半径，分别在两侧勾勒出轮廓，如图7-30和图7-31所示。

图7-28　手工作业修平

图7-29　测量并做出标记

图7-30　勾勒轮廓（一）

（3）连接各标记点，确定打磨区域（图7-32和图7-33）。

图7-31　勾勒轮廓（二）

图7-32　确定打磨区域（一）

图7-33　确定打磨区域（二）

9. 磨除油漆

（1）选择60号砂纸，连接气管。
（2）磨除外圈油漆，如图7-34所示。
（3）磨除中间油漆。
（4）吹尘并擦拭干净，如图7-35所示。

10. 收缩作业

（1）选择记号笔和直尺，标记出高点，如图7-36所示。

图7-34　磨除外圈油漆

图7-35　吹尘并擦拭干净

图7-36　标记出高点

（2）拆卸焊接介子，安装碳棒，紧固螺母，如图7-37所示。
（3）切换工作模式，调整参数，试焊，再调整参数，直至符合要求，如图7-38所示。
（4）收缩延展部位，待收缩完毕后，冷却碳棒，如图7-39所示。

图7-37　安装碳棒

图7-38　调整参数

图7-39　收缩延展部位

(5)手感检查,如图7-40所示。

(6)用直尺进行检查,并标出高低点,如图7-41所示。

(7)通过敲击声音找到顶铁位置,顶住低点内侧,敲击周围高点,如图7-42所示。

图7-40 手感检查

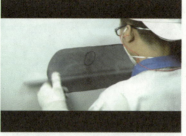
图7-41 标出高低点

图7-42 敲击高点

(8)检查修复程度(方法同步骤(5)),敲击收缩区域,以释放应力。

(9)用直尺进行检查,标记出低点,如图7-43所示。

11. 精修作业

(1)拆卸碳棒,安装拉杆并紧固螺母,如图7-44和图7-45所示。

图7-43 标记出低点

图7-44 安装拉杆(一)

图7-45 安装拉杆(二)

(2)切换工作模式,调整焊接参数,如图7-46所示。

(3)试焊,调整参数,直至符合要求。

(4)拉拔凹陷处,如图7-47所示。

(5)检查平整度,如图7-48所示。

图7-46 调整焊接参数

图7-47 拉拔凹陷处

图7-48 检查平整度

(6)检查刚性,如图7-49所示。

12. 消除应力

（1）拆卸拉锤，安装碳棒，切换工作模式，调整参数，如图 7-50 所示。
（2）消除应力，检查效果，如图 7-51 所示。

图 7-49　检查刚性

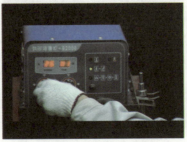
图 7-50　调整参数

图 7-51　消除应力

（3）使用带式打磨机磨出碳伤，如图 7-52 所示。
（4）更换 80 号砂纸再进行研磨，如图 7-53 所示。
（5）吹尘并擦拭干净。
（6）使用塞尺检查平整度，确保其达到要求，如图 7-54 所示。

图 7-52　磨出碳伤

图 7-53　更换 80 号砂纸

图 7-54　检查平整度

13. "5S" 整理

（1）拆卸搭铁，归位，车身外形修复机参数归零并关闭电源，如图 7-55 所示。
（2）清洁工具，归位。
（3）摘下保护工具，清洁地面。

图 7-55　关闭电源

学习小结

1. 制造车身的金属材料

制造车身的金属材料的种类很多，不同的材料有不同的特性，加工时必须区别对待，使用不同的方法才能达到事半功倍的效果。用于制造车身的金属材料主要有钢材和铝材两大类。

2. 车身覆盖件的维修重点

车身覆盖件的维修重点主要是板件的尺寸及平面度，较小的变形通常采用整形的方法维修，如果变形的范围较大或变形程度较严重，甚至板件是特殊材料制造的，一般不进行修复，而是采取更换的维修方法。

任务评价

操作考核评价表见表7-1。

表7-1 操作考核评价表

考核项目	评分标准	分数	学生自评	小组互评	教师评价	备注
团队合作	是否和谐	5				
活动参与	是否积极主动	5				
任务方案	是否正确、合理	15				
安全生产	有无安全隐患	10				
操作过程	车门竖向V形损伤修复	30				
任务完成情况	是否圆满完成	5				
工具使用情况	是否规范标准	10				
劳动纪律	是否严格遵守	5				
现场"5S"管理	是否做到	10				
工单填写	是否完整、规范	5				
总 分		100				
教师签名		年 月 日			得分：	

任务2 车门横向V形损伤修复

任务目标

（1）了解金属材料的变形特点。
（2）能够按照正确的工艺流程进行单点拉拔作业。

项目七　车门和车身损伤的修复

知识准备

1. 金属材料的变形特点

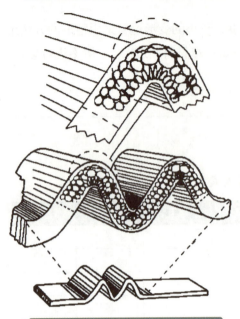

图 7-56　晶格形状发生改变

1）金属的内部结构

几乎所有金属都是晶体，即原子按照一定规律有序排列而形成的物质。钢材是由铁和其他合金原子按照一定排列形式组成的晶体组织。

2）金属的变形

在外力作用下，金属内部原子发生移动，晶格（晶粒）的位置和形状发生改变，如图 7-56 所示。外力消除以后，移动距离较小的原子可能会回复到原始位置，而移动距离较大的原子会在新的位置产生新的平衡。因此，外力消除后，金属材料可能恢复原来的形状，也可能不能恢复原来的形状。

3）变形的分类

按金属材料所受外力的大小和原子回复情况，将变形分为以下两类。

（1）弹性变形：随外力作用而产生，随外力的去除而消失的变形。

（2）塑性变形：外力去除后不能完全恢复原状的变形。

同一区域内的弹性变形和塑性变形同时存在，且弹性变形是随着塑性变形的产生而产生，因此，应按照变形特征加以区分。修复车身钢板变形时，通常可以简单地将钢板表面明显的折损痕迹称为塑性变形，而将其周边没有明显折损痕迹的大范围凹陷称为弹性变形。

板件受外力产生变形的过程，以及修复时的反复锤打也会使板件产生塑性变形，这些都会造成板件厚度和表面面积发生改变，使板件修平后出现延展拱曲，甚至会改变钢板的力学性质。

为便于观察和区分损坏类型，制定合理的修复流程，避免在修复过程中产生更多人为损伤而增加修复难度，在此将变形区域以另一种方式加以区分，如图 7-57 所示。

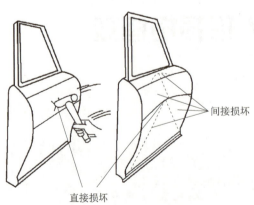

图 7-57　直接损坏与间接损坏

直接损坏：指直接撞击部位发生的损坏，通常占所有损坏的 10%~20%。

间接损坏：指外力通过直接撞击点在车身结构中继续传递所产生的损坏，通常占所有损坏的 80%~90%。

和弹性变形与塑性变形之间的关系相似，直接损坏与间接损坏之间也有着一定的因果关系，因为存在于同一变形区域，所以彼此之间互有影响，但影响的程度不同。如果在维修过程中不按照一定的顺序进行操作，往往会将板件越修越差，甚至导致板件报废。

4）冷作硬化

冷作硬化又称为加工硬化。金属发生塑性变形时，众多原子的错位，使原子间密度发生改变，提高了原子间的阻力，使变形部位变硬。随着变形程度的增加，变形部位金属的强度、硬度提高，而韧性、塑性会有一定程度的降低。冲压成形以前的钢板是平直的，其内部原子排列是均匀的，各部位的硬度也可看作是一致的。将平直的钢板经过冲压成形以后，由于各部位的变形程度不一致，导致各部位的强度和硬度也变得不同。如图7-58所示，将翼子板分为两个区域进行观察。

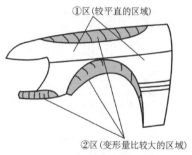

图7-58 翼子板的冷作硬化区域

①区为冲压成形后较平直的区域。

②区为冲压成形时变形量比较大的区域，也是硬化程度更高的部分。没有加工硬化的部位较容易发生变形，产生加工硬化的部位在受到外力作用时难以发生变形，而一旦发生变形就更难以修复。在修复板件变形时，需充分考虑其各部分硬化程度，根据变形前及变形后的形状判断不同变形对周围的影响，确定合理的修复程序。

同一变形区域内的硬化部位对平整部位的影响更大，在修复过程中应采取正确的矫正程序，以免对未受损部位造成人为损坏。

任务实施

（一）作业准备

1. 工具

手锤、顶铁、匙形铁、线凿、拉锤、直尺。

2. 防护用品

工作服、工作鞋、工作帽、线手套、防尘口罩、护目镜、耳塞。

3. 实训器材

右后门板、车门骨架、工作台、车身外形修复机。

（二）操作步骤

1. 作业前检查

参见车门竖向V形损伤修复。

2. 判断损伤

参见车门竖向 V 形损伤修复。

3. 确定打磨区域

参见车门竖向 V 形损伤修复。

4. 磨除油漆

（1）调整打磨机的转速，成 10°～20° 角，轻压在门板上，磨除外圈油漆，如图 7-59 所示。

（2）磨除中间部位油漆。

（3）安装带式打磨机，磨除沟槽和搭铁内的油漆。

（4）吹尘，擦拭干净（参见车门竖向 V 形损伤修复）。

5. 手工作业修平

（1）选择顶铁和手锤，如图 7-60 所示。

（2）将顶铁伸入内侧，通过敲击判断出顶铁的位置。顶出沟槽内侧，向外施加推力，如图 7-61 所示。

图 7-59　磨除外圈油漆

图 7-60　选择顶铁和手锤

图 7-61　顶铁顶出沟槽内侧

（3）通过排敲的方法，分别敲击两侧隆起，如图 7-62 所示。

手锤每次走位约为锤面直径的 1/2，如图 7-63 所示。

（4）采用实敲方式修平沟槽，如图 7-64 所示。

图 7-62　排敲两侧隆起

图 7-63　手锤走位距离

图 7-64　沟槽

（5）手感检查。

（6）顶铁顶住上部内侧，敲击周围区域，用同样的方法敲击下部，如图 7-65 所示。

通过实敲和虚敲相配合，修理整个损伤区域。

（7）手感检查。

（8）直尺检查（参见车门竖向 V 形损伤修复）。

图 7-65　手锤敲击周围区域

图 7-66　用手锤敲击高点

（9）用手锤敲击高点，如图 7-66 所示。

（10）再用直尺检查，标记出高点。

6. 收缩作业

参见车门竖向 V 形损伤修复，收缩作业。

7. 精修作业

参见车门竖向 V 形损伤修复，精修作业。

8. 消除应力

参见车门竖向 V 形损伤修复，消除应力。

9. "5S"整理

参见车门竖向 V 形损伤修复，"5S"整理。

学习小结

1. 金属的内部结构

几乎所有金属都是晶体，即原子按照一定规律有序排列而形成的物质。钢材是由铁和其他合金原子按照一定排列形式组成的晶体组织。

2. 金属的变形

在外力的作用下，金属内部原子发生移动，晶格（晶粒）的位置和形状发生改变。外力消除以后，移动距离较小的原子可能会回复到原始位置，而移动距离较大的原子会在新的位置产生新的平衡。因此，外力消除后，金属材料可能恢复原来的形状，也可能不能恢复原来的形状。

3. 变形的分类

按金属材料所受外力的大小和原子回复情况，将变形分为以下两类。

(1) 弹性变形：随外力作用而产生，随外力的去除而消失的变形。

(2) 塑性变形：外力去除后不能完全恢复原状的变形。

任务评价

操作考核评价表见表7-2。

表7-2 操作考核评价表

考核项目	评分标准	分数	学生自评	小组互评	教师评价	备注
团队合作	是否和谐	5				
活动参与	是否积极主动	5				
任务方案	是否正确、合理	15				
安全生产	有无安全隐患	10				
操作过程	车门横向V形损伤修复	30				
任务完成情况	是否圆满完成	5				
工具使用情况	是否规范标准	10				
劳动纪律	是否严格遵守	5				
现场"5S"管理	是否做到	10				
工单填写	是否完整、规范	5				
总 分		100				
教师签名			年　月　日		得分：	

任务3　车门车身线复合型损伤修复

任务目标

(1) 了解修复车身板件应遵循的基本原则。

(2) 掌握车门车身修复时工具的使用方法。

(3) 能够按照正确的工艺流程进行车门车身线复合型损伤修复作业。

知识准备

1. 修复车身板件时应遵循的基本原则

修复板件变形损伤时，应遵循下列基本原则。

(1) 先大致修复变形量大的直接损坏，减少直接损坏对周边的影响。如直接损坏变形量不大，且变形区对周边板件影响较小时，应由外向内先修复间接损坏区域，再修复直接损坏区域。

（2）先修复原有加工硬化区域产生的新的变形，再修复一般平整区域产生的变形。

（3）先修复塑性变形部分，相关弹性变形会随之消失。

（4）先做整体的大致修复，再逐步做精确修复。

因为碰撞产生的变形多种多样，在分析变形时，上述方法不分先后，在制定维修程序时与实际维修过程中也应综合考虑，视具体损坏情况灵活运用。

任务实施

（一）作业准备

1. 工具

手锤、顶铁、匙形铁、线凿、拉锤、直尺。

2. 防护用品

工作服、工作鞋、工作帽、线手套、防尘口罩、护目镜、耳塞。

3. 实训器材

右后门板、车门骨架、工作台、车身外形修复机。

（二）操作步骤

1. 车门车身线损伤修复

（1）作业前检查（参见车门竖向V形损伤修复作业前检查）。

（2）损伤判断（参见车门竖向V形损伤修复损伤判断（1）~（4）步）并在塑性变形的上下变形点做出标记，如图7-67所示。

（3）使用专用卡尺进行检查，如图7-68和图7-69所示。

图7-67 标记变形点

图7-68 专用卡尺检查（一）

图7-69 专用卡尺检查（二）

①在车身线两端做出标记,使用专用卡尺将车身线两端做出标记。
②选择曲率卡尺,在上下部位做出标记。
③选择平面卡尺,在上下弹性变形的部位标记,如图7-70所示。

图7-70 平面卡尺标记上下弹性变形部位

④标记出直接和间接变形区,如图7-71和图7-72所示。
(4)做出维修方案。

2. 磨除沟槽内油漆

参见车门竖向V形损伤修复磨除沟槽内油漆。

3. 焊接焊片

参见车门竖向V形损伤修复焊接焊片。

4. 拉伸作业

参见车门竖向V形损伤修复拉伸作业。
检查车身线的恢复程度并拆卸焊片。

5. 确定打磨区域

在打磨区域做出标记点,勾勒出轮廓,连接各标记点,如图7-73和图7-74所示。

图7-71 直接变形区域　　图7-72 间接变形区域　　图7-73 勾勒打磨区域(一)

6. 磨除外圈油漆

参见车门竖向 V 形损伤修复磨除外圈油漆。

7. 整平作业

（1）使用卡尺检查，并标记出高低点，如图 7-75 所示。

（2）拆卸焊接介子，安装拉锤，试焊。

图 7-74 勾勒打磨区域（二）

图 7-76 拉拔

图 7-75 标记出高低点

（3）拉拔车身线附近区域的凹陷，使用手锤敲击高点，如图 7-76 所示。

（4）将顶铁伸入车门内侧，采用实敲法，将沟槽处修平，通过虚敲与实敲相配合，将整个区域修平。

（5）使用卡尺检查，并标记出高点，如图 7-77 所示。

8. 收缩作业

参见车门竖向 V 形损伤修复收缩作业。

9. 确认修复质量

（1）检查车身线，如图 7-78 所示。

图 7-77 标记出高点

图 7-78 检查车身线

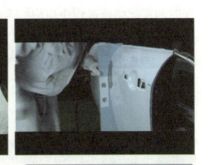
图 7-79 检查曲率和平整度

（2）检查钢板曲率，配合塞尺检查平整度，如图 7-79 所示。

10. 磨除碳伤

安装 80 号砂纸，磨除碳伤，并使用吹尘枪，然后将其擦拭干净，如图 7-80 和图 7-81 所示。

图 7-80　安装 80 号砂纸

图 7-81　磨除碳伤

11. "5S"整理

参见车门竖向 V 形损伤修复，"5S"整理。

学习小结

1. 修复车身板件时应遵循的基本原则

修复板件变形损伤时，应遵循下列基本原则。

（1）先大致修复变形量大的直接损坏，减少直接损坏对周边的影响。如直接损坏变形量不大，且变形区对周边板件影响较小时，应由外向内先修复间接损坏区域，再修复直接损坏区域。

（2）先修复原有加工硬化区域产生的新的变形，再修复一般平整区域产生的变形。

（3）先修复塑性变形部分，相关弹性变形会随之消失。

（4）先做整体的大致修复，再逐步进行精确修复。

因为碰撞产生的变形多种多样，所以在分析变形时，上述方法不分先后，在制定维修程序时与实际维修过程中也应综合考虑，视具体损坏情况灵活运用。

任务评价

操作考核评价表见表 7-3。

表 7-3　操作考核评价表

考核项目	评分标准	分数	学生自评	小组互评	教师评价	备注
团队合作	是否和谐	5				
活动参与	是否积极主动	5				
任务方案	是否正确、合理	15				
安全生产	有无安全隐患	10				

续表

考核项目	评分标准	分数	学生自评	小组互评	教师评价	备注
操作过程	车门车身线复合型损伤修复	30				
任务完成情况	是否圆满完成	5				
工具使用情况	是否规范标准	10				
劳动纪律	是否严格遵守	5				
现场"5S"管理	是否做到	10				
工单填写	是否完整、规范	5				
总　　分		100				
教师签名			年　　月　　日		得分：	

项目八
车身板件局部变形损伤的修复

> 项目导入

一辆 2012 款丰田皇冠轿车在行驶过程中发生侧面碰撞,造成右前门车门产生凹陷变形,现在需要对变形部位及相应的塑料件进行修复。

这辆车是右前门损伤,属于车身局部变形损伤的修复。车身局部损伤还包括车辆前后杠、车顶、发动机罩、后备箱罩及车身塑料件的修复。

项目八　车身板件局部变形损伤的修复

学习目标

知识目标
（1）了解在身板件修复及更换的基本工艺过程。
（2）了解车身金属材料的特点及维修要求。
（3）掌握车身板件变形的基本维修方法。

技能目标
能够掌握车身板件局部变形损伤的修复方法和技巧。

素养目标
（1）了解安全操作要求，重视人员身体安全与防护，养成安全文明操作的习惯。
（2）养成组员之间互相协作的习惯。

项目任务

任务1　车身板件局部变形损伤的修复

任务目标

（1）了解车身板件修复的工艺流程。
（2）熟悉制造车身的金属材料、各自特点及维修要求。
（3）能够按照正确的工艺流程进行车身板件局部变形损伤修复作业。

知识准备

1. 车身板件修复的基本工艺流程

车的基本作用是提高运输效率，这一作用只有在行驶过程中才能得以体现，用车的过程难免会发生碰撞事故，而车辆不是一次性使用的物品，车身板件变形以后，要根据变形部位、变形程度及影响范围来确定如何进行维修。

车身覆盖件的维修重点主要是板件的尺寸及平面度。较小的变形通常采用整形的方法维修，如果变形的范围较大或变形程度比较严重，甚至是特殊材料制造的板件，一般不进行修复而采取更换的维修方法。图8-1所示为车身板件变形损的修复工艺流程。

2. 制造车身的金属材料、各自特点及维修要求

金属材料的种类很多，不同的材料有不同的特性，加工时必须区别对待，采用不同的方法才能达到事半功倍的效果。用于制造车身的金属材料主要有钢材和铝材两大类。

1）钢材

钢材作为传统车身材料，有多种分类方法，按强度使用可作如下分类。

（1）低碳钢。低碳钢含碳量低，材料较软容易加工，在进行冷加工、热收缩、焊接等操作时，其强度不会发生较大改变。因为材料的强度较低容易产生变形，必须采用较厚的材料才能使结构达到一定的使用强度要求，这样就增加了车身重量，不利于节能，所以其使用量在逐年降低，通常仅用于制造车身覆盖件。

（2）高强度钢。高强度钢泛指强度高于低碳钢的各种钢材。通过在低碳钢中加入不同合金元素来提高钢材的强度，某些高强度钢的抗拉强度超过450MPa，远远超过普通低碳钢的强度，而且在降低厚度的情况下还能满足车身强度要求，用于制造车身可使汽车的总质量得到有效控制，利于节能降耗及减少排放。高强度钢板受力后不易变形，但如果外力足够大时，变形后的板件一般难以修复。消除应力和热收缩时对温度有严格限制，通常允许加热的温度不超过200℃。高强度钢一般用于制造车身结构件及主要承力覆盖件。

（3）超高强度钢。通过在普通碳钢中加入合金元素或同时进行热处理，金属可获得细化的晶粒组织，使钢材的强度和刚性大幅度提高，某些超高强度钢的抗拉强度可达到1 300~1 400MPa。由于此类钢材硬度非常高，在常温下采用常规修复方法无法对其进行矫正，加热又会使细化的晶粒组，并且不允许使用高温焊接方式。超高强度钢一般用于制造车身中部防撞部件。

（4）镀锌钢板。车身的使用环境是非常恶劣的，高温及湿度都会加速车身钢板的腐蚀，在钢板的表面镀锌以后，能改善钢板的防腐性能。根据使用部位及防腐要求的不同，车身上使用的镀锌钢板分为单面镀锌板和双面镀锌板。东风雪铁龙车身维修工艺要求维修过程中被破坏的板面镀锌层，在板件维修完毕后必须重新镀锌。

2）铝材

铝材是轻的金属材料，采用铝材制造车身可减重20%~30%，利于节能降耗及减少排放。铝材容易被氧化，但表层氧化物能阻止金属内部继续氧化，因此，铝材是一种防腐性能很好的金属材料。铝材的塑性良好，便于加工成形，当铝质车身部件受到外力时能产生大量的变形，从而吸收更多的撞击能量，能有效降低碰撞力对车内乘员的影响。铝材一般用于制造车身吸能部件，少量车型已经开始采用全铝车身。

项目八　车身板件局部变形损伤的修复

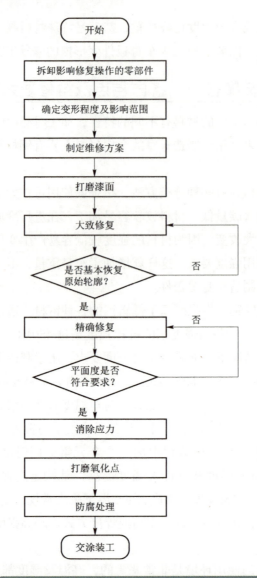

图 8-1　车身板件变形损伤的修复工艺流程

》任务实施《

(一) 作业准备

1. 工具

包括锤子、顶铁、撬棍、匙形铁、克子、打磨工具。

2. 防护用品

工作服、工作鞋、工作帽、线手套、防尘口罩、护目镜、耳塞。

3. 实训器材

右后门板、车门骨架、工作台、车身外形修复机。

(二) 操作步骤

1. 工作前准备

(1) 车辆进入修理工位前，将工位清理干净，准备好相关的工具和材料。

(2) 将车辆停驻在修理工位上。

(3) 将变速杆置于空挡或驻车挡（P挡）；拉起驻车制动器操纵杆。

(4) 套上转向盘套、座椅套、变速杆手柄套、驻车制动器操纵杆套，铺设脚垫。

(5) 操作前应做好个人防护工作。

(6) 将维修需要的工具摆放到工作台上合适的位置，如图8-2所示；将设备移动到待修部位附近，以便于操作时能随时取用。

图8-2 工作台上的工具摆放整齐

(7) 车辆准备：将车辆妥善停入修复工位，断开车辆蓄电池负极连接电路，当车身外形修复机点焊介子时，较强的回路电流可能会损坏车辆电气元件。

2. 基本捶打方法

1) 单纯锤子敲打

单纯锤子敲打即无顶铁敲打，因锤击接触面较小，较大的敲击力容易使板面产生大量锤子击痕，通常用于清理（需更换的）损坏板件时的大力敲击，或用于消除应力阶段的小力度弹性敲击。

2) 锤子配合顶铁敲打

锤子配合顶铁敲打适用于整个修复过程，通过改变顶铁与敲打的部位及力度，可实现不同的修复要求。

(1) 敲实法：用锤子敲击顶铁垫托部位的板件。通常用于修复变形量较小的部位，或用于打薄板件使其延展。合适的敲击力会使凸起部位产生一定的压缩而恢复平整，如果加大敲击力，会使板件变薄（延展）拱曲，如图8-3所示。

(2) 敲虚法：顶铁垫托凹陷部位背面，锤子敲击正面的凸起。适用于修复平板上较大面积的变形和板件的大致修复，也可用于凸起和凹陷同时存在的部位，如图8-4所示。凸起和凹陷程度可能会不一致，适当控制垫托与敲击力度可使凸起和凹陷同时趋于平整。狭窄部位可用撬棍代替顶铁进行垫托。

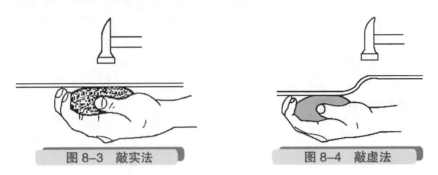

图8-3 敲实法　　　　　图8-4 敲虚法

（3）锤子的使用：

①虚握锤柄中后部；

②锤面轮廓尽量与板面轮廓匹配；

③每次敲击让锤面与板面水平接触，如图8-5所示，用手腕的力度控制敲击，使锤面与板面接触时有滑动的趋势，产生搓敲的效果，如图8-6所示。

④保持一定频率，轻快地敲击。

图8-5 锤面与板面水平接触　　　　　图8-6 搓敲

3. 规范的修复操作程序

1）拆卸影响修复操作的零部件

先拆卸车门内饰板及相关组件（规范拆卸方法在前文已进行详细描述，这里不再赘述），再拆卸车门外部装饰条。如有需要，拆除车门把手。修复区背面如有减震隔声材料，应将其铲除，修复后需粘贴新的隔声材料。

2）检查变形部位，确定变形程度及影响范围

检查方法大致分为眼看检查、手摸检查和工具检查三种。不同方法可交替使用，互为补充。

（1）眼看检查。应在光线较好的方位进行。明显的变形，可能从任何方位、任何角度都容易观察，可以直接分辨出变形形式、范围和程度。站在较远处或从不同角度观察有利于确定范围较大且不太明显的变形。

（2）手摸检查。用手摸的方法检查板件变形时，应佩戴紧贴手形轮廓的棉线手套，这样能降低皮肤与板面之间的摩擦力，使手掌对变形的感受更准确。检查时手掌在板面上稍加压力，直线往复轻抚板面，运动轨迹呈米字形分布，如图8-7所示。

（3）工具检查。用钢直尺的侧边靠近板面检查板件的平面度。钢直尺长度应大于检查区域，将钢直尺的两端靠在板件未变形的区域，参照周边轮廓近似的部位进行检查，如图8-8所示。

图8-7 手摸检查　　图8-8 用钢直尺检查板面平面度

3）按板件损伤修复原则制定修复程序

外力在板件上是不断传导的过程，也是在传导路径上不断被吸收的过程。一般情况下，直接损伤受力最大，产生的变形量也最大，变形部位的硬化程度也最高，对周边较平缓的变形会产生较大影响。先将直接损伤大致修复平，可减少对周边间接损伤的影响，甚至使其产生一定的恢复变形。若先修复周边较小的变形，较小的变形量及少量的硬化仅需要较小的修复力度，修复过程对直接损伤部位不会产生影响，在修复直接损伤时，较大的修复力度使直接损伤产生恢复变形的同时，也会使已经修复的间接损伤部位再次产生变形。

变形部位的原始形状和撞击方式的不同也会使板件受力后产生不同后果，有时变形区域较小，但有较深的折损痕迹；有时变形区域很大，但整个变形区基本都是较平滑的凹陷，外围的折损痕对凹陷较深的中部的影响可能更大。先修复凹陷最深的中部，会使较平滑的板件产生很多锤击痕和更多变形，同时使材料硬化并增加内应力，这样就增加了修复难度。制定修复程序的关键是根据变形部位、变形范围、变形量及变形程度等具体情况判断，以确定各部位相互影响的程度。首先应消除对周边影响较大的变形，这样才能使变形板件得到快速、高质量的修复。图8-9所示为一块左前翼子板局部受外力产生凹陷变形，经检查发现翼子板的弧形表面上有一条较深的凹陷折痕从碰撞点向上下延伸，而凹陷折痕两端分别有两条凸起的折痕，与凹陷折痕呈箭头状分布，如图8-10所示。通常像这种发生在弧形表面上的变形，中部变形区域很大，凹陷程度看起来也很严重，但实际只有产生折损痕迹的部位才是塑性变形，而折痕之间大范围的平滑凹陷区域都是受其影响产生的弹性变形。维修时应先解决限制板件回弹的外围折痕，再修复变形区中部，才能又快又好地复原整个变形区域，如图8-11所示。

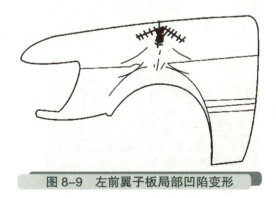
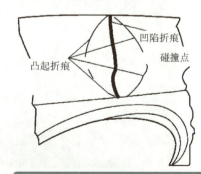

图8-9 左前翼子板局部凹陷变形　　图8-10 变形区分析

从周边折痕开始,锤子沿箭头方向敲打凸起折痕,配合顶铁顶起凹陷折痕向变形区中心移动,消除凸起折痕,缩短凹陷折痕(图8-11(a))。

修复碰撞点附近的残余变形(图8-11(b))。

锤子配合顶铁将变形区整体敲平,进行精确修复(图8-11(c))。

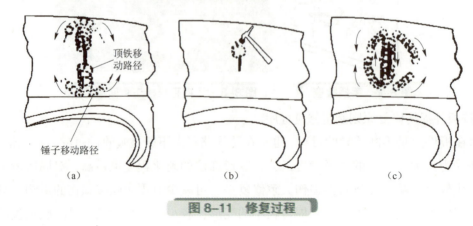

图8-11 修复过程

4)打磨漆面

磨除板面涂层的存在是为了让板件导电,以利于完成介子焊接及用碳棒收缩金属等操作,若没有完全磨除漆面的部位在点焊时导电不良,可能会产生电弧击穿板件。镀锌板表面的镀锌层也会影响点焊效果,修复镀锌板件时最好将板面镀锌层磨除。局部漆层打磨后,面漆与打磨后的金属板面对光线的反射效果不同,会影响观察的准确性,如果修复碰撞时漆层损伤不严重且变形量较小的部位,也可以视具体情况先采取敲打的方式将变形区大致整平,然后再磨除漆层,使用介子焊或碳棒继续修复。

(1)打磨面积应略大于变形范围,可根据变形区域实际轮廓向外围扩大80mm以上,用油性记号笔画出边缘平滑、连贯的标记线。该车门在中部模拟出纵向凹陷变形,沿凹陷痕迹周边约80mm画出打磨区标记线,如图8-12所示。

(2)采用60号砂纸磨除漆面,如图8-13所示。打磨时砂轮整个打磨面与板面成10°~20°角,用打磨面前端与板面接触,如图8-14所示。不要施加太大压力,避免过多打磨板件金属,降低板厚。

图8-12 标记打磨区

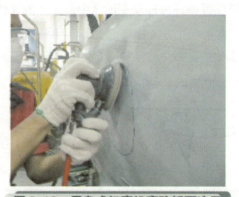

图8-13 用盘式打磨机磨除板面涂层

（3）在不妨碍修复操作的部位，打磨出一块裸露金属便于连接搭铁线，如图8-15所示。

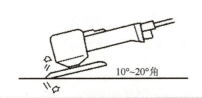

图8-14　砂轮机打磨面与板面的角度

图8-15　打磨搭铁区

（4）如有较深的凹陷折损，采用带式打磨机磨除盘式打磨机接触不到的狭窄部位，如图8-16所示。

（5）所有打磨程序结束后，用抹布和吹尘枪清理板面灰尘。板面灰尘会影响观察并引起导电不良，要求修复过程中每次打磨后立即清理板面灰尘，如图8-17所示。

图8-16　用带式打磨机打磨狭窄部位

图8-17　清理板面灰尘

5）大致修复

大致修复是修理最严重、最明显、对变形区整体影响最大的损伤，以减小整体变形程度，使变形区基本恢复原来的轮廓。因磨除面漆以后视觉效果不佳，不便于观察，大致修复可在打磨面漆之前完成。

（1）根据损伤部位的形状、变形程度、变形范围等具体情况，用质量较大的冲击锤、木槌或橡胶锤敲击正面凸起，同时用顶铁或撬棍垫住凹陷部位背面。对于大面积的平缓凹陷，用吸盘吸住凹陷区中部，用木槌或橡胶锤轻敲变形区周边凸起的折损，如图8-18所示。图中折损线已用记号笔做出标注。

（2）操作时应选用与板件轮廓相匹

图8-18　用真空吸盘配合锤子进行大致修复

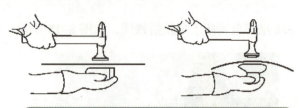

图 8-19　选用与板件轮廓相匹配的锤子与顶铁

配的锤子与顶铁，否则也会产生不必要的变形，如图 8-19 所示。垫铁应与板件原始轮廓相匹配，否则不利于板件恢复成形，如图 8-20 所示。

（3）修复过程中产生的印痕越少越好，敲打时应控制好力度，以避免用力过度使板件产生不必要的变形。在橡胶锤或木槌不能整平折痕时，直接用匙形铁敲击折痕可扩大受力面，使板件分散受力，避免损伤加重，如图 8-21 所示。

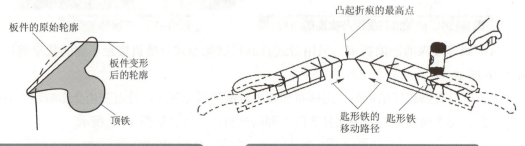

图 8-20　垫铁与板件原始轮廓不匹配　　　图 8-21　用匙形铁使板件分散受力

（4）背面不易接触的凹陷部位需要用介子修复机，根据变形特点选用不同的焊接介子焊接在需要拉拔的凹陷区进行拉拔。

图 8-22　介子修复机的机身

①开启设备电源，介子修复机的机身如图 8-22 所示。

②操作设备控制面板上的选项按钮，如图 8-23 所示，选择对应的介子焊挡位（三角垫片或平垫圈），显示屏会有相应图标显示，如图 8-24 所示。

③设备在使用介子焊挡位时，自动转换为定时通电模式，根据板件厚度适当调节点焊持续时间和焊接电流，如图 8-25 所示。点焊电流过大、点焊时间过长都会导致板件被击穿，为防止参数不合适造成点焊不牢固或击穿，应在实际使用前用一块相同规格的废板件进行试焊。

④妥善连接搭铁线，如图 8-26 所示。

⑤将介子焊片点焊在适

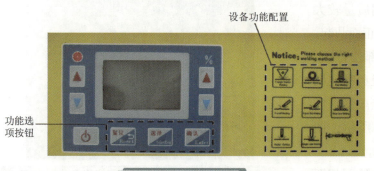

图 8-23　控制面板

当的部位，介子焊片应尽量与点焊部位的凹陷表面垂直。

⑥均匀点焊介子焊片，注意焊点间距，尽可能多点、多次修复每一处变形。任何一点被过度拉拔都会使板件表面产生多余的凸起，甚至拉破板面。

图 8-24　功能选项图标

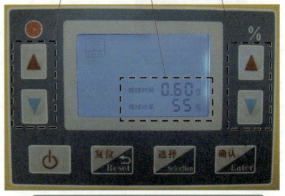

图 8-25　参数调节按钮及显示屏

小面积的凹陷折痕一般采用三角焊片，从折痕两端开始焊一点拉一次，逐步向变形区中心移动，同时用锤子敲打周边凸起部位，如图 8-27 所示。

图 8-26　连接搭铁线

图 8-27　从两端向中心单点拉拔

大面积的平滑凹陷可同时焊接多个平垫圈。从周边凹陷较浅的部位开始，多点交替、反复拉拔，拉拔点逐渐向凹陷较深的中心部位移动，同时用锤子敲打周边凸起部位，如图 8-28 所示。点焊参数调整恰当时，点焊在板面上的介子可经受反复多次拉拔，当点焊部位被拉拔至足够高度后，用钳子夹紧介子焊片，垂直于板面旋转可将介子焊片取下。

（5）如果变形区内包含筋线，通常应在大致修复阶段先将筋线恢复至原始轮廓，如图 8-29 和图 8-30 所示。

6）精确修复

精确修复是进一步消除板件变形，使板件上的凸起和凹陷恢复到允许范围内。锤子敲打不可能使变形恢复到原始的平面度（即使能做到，从工作效率的角度考虑也没有这个必要），修复到一定程度就可以了，剩余的不平可用钣金腻子填补。但钣金腻子与金属板件毕竟不是同类材料，其膨胀系数也不一致，刮涂得太厚的部位在使用一段时间以后会产生开裂。因此，一般要求精确修复以后，钣金腻子的填补厚度不能大于 1mm，即修复区不能高出原始轮廓，也不能低于原始轮廓 1mm 以上。

图 8-28 多点交替、反复拉拔

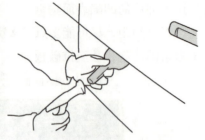
图 8-29 用錾子修复筋线

图 8-30 用顶铁修复筋线

（1）操作时用重量较小的精修锤轻敲正面凸起，同时用顶铁或撬棍垫住凹陷部位背面。边敲边观察变形的恢复情况，适当改变敲击与顶铁位置，始终保证顶铁与敲击部位配合正确，逐渐加大敲力，直至力度合适，几次中等力度的敲击比一次大力度的敲击效果更好。

（2）随着变形的逐渐恢复，细微的变形越来越不易观察，此时应该在光线较好的地方以较小的角度观察，如图 8-31 所示。同时用手摸的方法交替检查，感受板面的起伏。磨平介质焊疤可提高检查精确度。

（3）对于后期极细微的变形，用钢直尺的侧边靠近板面检查修复后的平面度。钢直尺很薄，检查宽度范围有限，应采取多层次检查，如图 8-32 所示。也可使用车身锉打磨板面检查平面度，修复区内较高的部分打磨以后会留下痕迹，根据痕迹的分布情况继续修复，如图 8-33 所示。使用车身锉时将打磨面轻压在修复区成 30° 角斜推，用力不能太大，避免过多锉削板面金属。

图 8-31 小角度观察

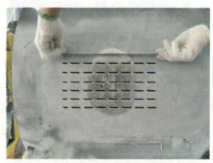
图 8-32 多层次检查

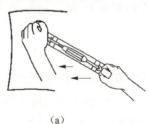
（a）

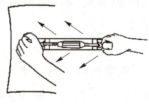
（b）

图 8-33 车身锉使用方法
（a）成 30° 角直放斜推；（b）成 30° 角斜放直推

（4）修复过程中应反复多次检查，几种方法可交替使用，提高修复精确度。板件在承受外力产生变形时可能会被拉伸变薄，敲打整形过程也会使板件进一步变薄延展，这些都会使板件表面积增大。先通过大致修复将板件较大的变形逐渐变小，再通过精确修复将轻微的凸起和凹陷尽量恢复平整，正确的敲打方法能使板件产生一定量的收缩，但不可能使受力延展的所有变形都恢复，此时，整个变形区（延展区域）呈较平滑的凸起，如图8-34所示。

（5）在板件修复以后，金属变薄延展具体表现为修复区高于板件原始轮廓，利用介子修复机配置的碳棒可对金属板件的延展部位进行加热，如图8-35所示。再用压缩空气或湿抹布快速冷却收缩，使其恢复平整，这一操作又称收火。被加热的金属会向外围膨胀，但若受到周边常温金属的限制就会使被加热的金属变厚。快速冷却后，板件表面积就会减小。

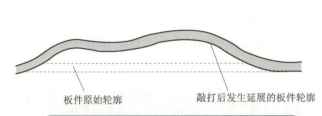

图8-34　修复后，整个变形区呈平滑凸起

图8-35　用碳棒加热板件延展部位

①安装碳棒如图8-36所示。
②选择对应的碳棒加热挡位，如图8-37所示。

图8-36　安装碳棒

图8-37　碳棒加热挡位图标

③根据板件厚度适当调节电流。电流过大会导致温度过高，高温会改变板件的原子排列结构，降低材料强度，也可能将板件烧穿。对高强度钢板加热应严格控制温度，一般要求控制在200℃以下（至少在用肉眼观察时，钢板表面不能明显变红），可在实际使用前用一块相同材质的废板件进行加热试验。

④始终加热板面上拱起最高的部位，如图8-38所示。使用时按住控制开关，将碳棒轻压在板面匀速移动，由外向内形成一个较规范的圆形加热点，视变形程度及范围控制加热点的面积。

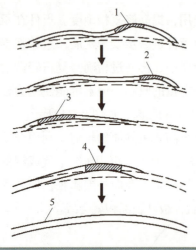

图 8-38 始终加热板面上拱起最高的部位

1~4—加热顺序与加热部位；5—板件原始轮廓

⑤每次加热完毕立即用气吹枪充分冷却加热点，如图 8-39 所示。凸起的部分受到热胀冷缩的影响，会慢慢变厚并逐渐恢复平整。

⑥收火与敲打整平应反复交替进行，直至板面平面度符合修复要求。

⑦用指头轻压修复区，如图 8-40 所示，如果按压时板面塌陷，放松时板面弹起，说明修复区有过多残余应力，用碳棒在修复区由外向内大范围画圈，加热后待其自然冷却，一般 2~3 次操作以后可消除板件应力。

7）打磨处理

金属板面在修复过程中会因为点焊介子和碳棒加热而产生氧化皮，如果直接涂刮钣金腻子将会影响腻子的附着力，也会影响对板面进行再次镀锌。

图 8-39 用气吹枪充分冷却加热点

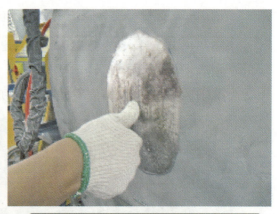

图 8-40 按压板面检查残余应力

（1）用带式打磨机磨除介子焊片的残留金属。

（2）用盘式打磨机配合 60 号砂纸磨除板面剩余的氧化皮。

（3）用盘式打磨机配合 80 号砂纸进行抛光打磨。打磨后，打磨区轮廓应平滑、连贯，如漆层较厚，打磨区边缘应磨出羽状边，每道漆层之间有 10mm 以上的层次间距。

8）防腐处理

东风雪铁龙车身维修工艺要求：维修过程中被破坏的板面镀锌层，在板件维修完毕以后必须重新镀锌。

抛光处理以后如果不立即进行表面涂装作业，镀锌层表面会很快氧化，在涂装作业前必须重新抛光。对于不便于操作的部位，可用其他防腐材料进行喷涂或刷涂。

9）场地清理（5S）

（1）工作过程中要用到很多工具和设备，工作前将所有需要的东西摆放到合适的位置。

任务 1　车身板件局部变形损伤的修复

图 8-41　清洁工位

有些工具和设备需交替、反复使用，每次使用过的物品应归还原处，若随手放置会使工位杂乱不堪，不便于再次取用；更不能随手放在地上，这样做很容易造成操作人员踩踏滑倒，甚至造成更严重的事故。

（2）工作结束以后，将所有工具、设备擦拭干净并归还原处，避免每次工作都从寻找工具开始。

（3）清洁工位，保持工作场地干燥、整洁，为下一次工作做准备，如图 8-41 所示。

小提示：

良好的工作环境能使人们感到愉悦，也有利于安全操作和提高工作效率。

拓展学习：

（1）查阅资料，了解东风雪铁龙爱丽舍轿车外顶凹陷的修复工艺及注意事项。

（2）查阅资料，了解东风雪铁龙世嘉车型外覆盖件材料的属性及修复方法。

学习小结

1. 制造车身的金属材料

金属材料的种类很多，不同的材料有不同的特性，加工时必须区别对待，采用不同的方法才能达到事半功倍的效果。用于制造车身的金属材料主要有钢材和铝材两大类。

2. 车身覆盖件维修重点

车身覆盖件的维修重点主要是板件的尺寸及平面度，较小的变形通常采用整形的方法来维修。如果变形的范围较大或变形程度比较严重，甚至是特殊材料制造的板件，一般不进行修复而采取更换的方法维修。

3. 金属的内部结构

几乎所有金属都是晶体，即原子按照一定规律有序排列而形成的物质，钢材是由铁和其他合金原子按照一定排列形式组成的晶体组织。

任务评价

操作考核评价表见表 8-1。

表 8-1 操作考核评价表

考核项目	评分标准	分数	学生自评	小组互评	教师评价	备注
团队合作	是否和谐	5				
活动参与	是否积极主动	5				
任务方案	是否正确、合理	15				
安全生产	有无安全隐患	10				
操作过程	车身板件局部变形损伤的修复	30				
任务完成情况	是否圆满完成	5				
工具使用情况	是否规范标准	10				
劳动纪律	是否严格遵守	5				
现场"5S"管理	是否做到	10				
工单填写	是否完整、规范	5				
总　　分		100				
教师签名			年　　月　　日		得分：	

任务 2　承载式车身结构件的矫正及更换

任务目标

（1）了解车身结构件更换的基本流程。
（2）熟悉承载式车身结构对维修基本要求。
（3）能够按照正确的工艺流程进行承载式车身结构的矫正及更换作业。

知识准备

1. 车身结构件更换的基本工艺流程

前纵梁在承载式车身上属于结构性部件，和修复车身板件变形类似，车身结构件变形以后，也要根据变形部位、变形程度及影响范围来确定如何进行维修。除此之外，由于结构件需要承担更多的承载作用，所以还需要充分考虑其材料特性。

车身结构件的维修重点包括恢复车身尺寸及状态，较小的变形通常采用矫正的方法来维修。如果变形程度比较严重，甚至是特殊材料制造的板件，只允许采取更换的方法进行维修。图 8-42 所示为车身结构件变形损伤的修复工艺流程。

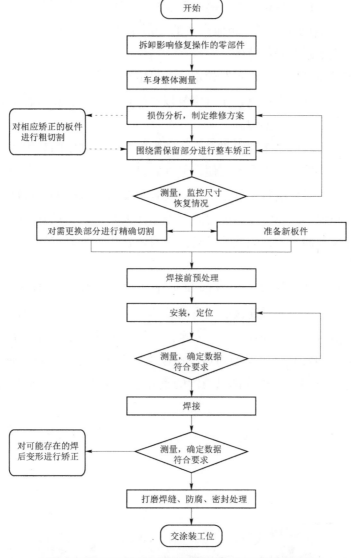

图 8-42 车身结构件变形损伤的修复工艺流程

2. 轿车车身结构基本类型和各种类型的车身结构的特点

车身的作用是提供安全、舒适的驾乘空间，在汽车不断发展的过程中，车身结构也发生了很大变化。车身结构设计不但要追求外形美观、乘坐舒适等基本要求，还要不断追求安全、环保，向紧凑、轻量化的方向发展。

（1）最早出现的车身是非承载式车身，如图 8-43 所示。非承载式车身有一个独立的底盘大梁架，车身通过弹性元件安装在底盘大梁架上，所以也被称为有梁式车身。

作为非承载式车身的基础安装平台，包括车身在内，几乎所有零部件都安装在车架上，并且车架也是悬架系统的定位基础。车架除了要承受自身载荷，还要承受汽车行驶时产生的其他载荷，而车身不承受或仅承受少量载荷，因此车架必须要有足够的强度和刚度，以保证汽车在正常使用时承受各种载荷而不会破坏和变形。其特点有以下几个。

①非承载式车身有刚性车架，碰撞产生的变形主要集中在车架上，对碰撞力起缓冲作用，能有效地将破坏限制在局部范围。

②制造工艺相对简单，容易进行车轮定位的设定和调整。

③车架可作为"推挤"支承点，车身修复以"推挤"为主，相对容易。

④车身笨重，不利于节约能源。

⑤乘坐的舒适性好。由于车架纵贯全车，影响整车布置和空间利用率，大梁的截面高度使车身离地距离加大，乘客上下车不方便，另外笨重的车架降低了整车经济性，这些对于小客车和轿车是缺点，但对于越野车就是优点。越野车要求有很强的通过性，在崎岖路面行驶时要有一定的离地间隙，而非常颠簸的道路会令车体大幅扭动，只有带刚性车架的非承载式车架结构才能抵御这种冲击力，因此非承载式车身通常用于越野车。

（2）承载式车身。

承载式车身又称整体式车身，如图8-44所示，车身由很多不同形状、不同厚度的钢板冲压件构成，各板件以点焊方式连接成紧密的整体。车身是汽车所有部件的安装平台，也是定位基础，其中包括与汽车行驶稳定性、安全性密切相关的悬架和转向系统，承载式车身结构没有坚固的车架，通常采用较厚的高强度钢板来制造车身结构，以增强车身的承载能力。在任何部位受到外力作用时，车身都以稳固的整体结构来"抵御"，碰撞以后会产生更复杂的变形。其特点有以下几个。

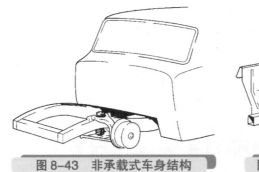

图8-43 非承载式车身结构

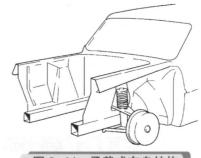

图8-44 承载式车身结构

①没有笨重的车架，大幅减小了整备质量，利于节能降耗及减少废气排放。

②车身是其他零部件的安装基础，尺寸精度要求高。

③碰撞产生的变形更复杂，影响范围大，修复难度更高。

④行驶系统直接与车身连接，容易引起车身板件共振而产生噪声，乘坐舒适性较差。

石油属于不可再生资源，汽车在使用过程中排放的废气对大气造成严重污染，所以降低汽车的油耗及减少废气排放永远是汽车设计、制造者的追求目标，承载式车身也因此逐渐成为当代轿车所采用的主流结构。随着各种高强度钢的运用，车身整备质量进一步减小，但对于车身维修的各方面要求也更高了。

3. 车身结构安全措施

一次碰撞：发生交通事故时，汽车与其他物体之间的碰撞。

二次碰撞：由于一次碰撞而引发的车内乘员与车内部件的碰撞。

二次碰撞是造成车内乘员身体受到伤害的直接原因，但其严重程度取决于一次碰撞的剧烈程度。在碰撞无法避免时，如果车身整体被设计得过于坚固，巨大的惯性力会造成车内乘员发生严重的二次碰撞。据统计数据显示，汽车在行驶中发生碰撞的可能性最大的部位是车身前部和后部，因此，将车身设计成中部坚固而周边相对薄弱的结构，在汽车发生碰撞的时候，让先受力的部分以变形和破坏的形式吸收更多的外力，以降低二次碰撞造成的伤害。

车身周边被人为设计的薄弱部分称为吸能区，又称缓冲区。吸能区在不同车身结构上有不同的体现方式。

（1）非承载式车身结构中，车架承受大部分碰撞力，将坚固的车架前后两部分设计成弯曲的形状，这种设计被称为上弯结构，弯曲部位又称为上弯区，是整个车架最薄弱的部分。在发生碰撞时，上弯区首先开始变形，能吸收大量碰撞能量。

（2）承载式车身的前后纵梁也被设计成上弯结构，除此以外，还采用开孔、改变截面形状等具体方式使车身结构局部弱化。

4. 承载式车身结构对维修的基本要求

承载式车身作为其他所有零部件的安装基础，各安装点之间的尺寸精度都有严格要求，尺寸误差过大会造成相关零部件配合不良，如果关键零部件安装失准，还会直接影响车辆行驶的稳定性和安全性；除车门、翼子板、发动机罩等可拆卸零部件以外，其他板件都以电阻点焊的形式紧密连接，形成一个整体的刚性结构，车身任何一块板件都是承力结构的组成部分；为减小车辆整备质量，并改善车身的安全性能，大量采用高强度钢板。因此，承载式车身修复后应满足下列要求：

（1）车身各部位都应恢复原始尺寸，误差必须≤±3mm。

（2）结构性板件必须恢复其原始状态，以抵御可能发生的再次撞击。

（3）不能改变吸能区的强度。

实际工作中，车身尺寸是容易进行测量和对比的，而钢板的强度在维修后是否达到强度要求却无法得知。对于承载式车身来说，发生在类似于车身缓冲吸能区的变形，如果钢板产生了较严重的折痕，一般要求根据变形的影响范围进行局部或整体更换，并且严格按照工艺要求进行维修操作，这样才能获得好的维修结果。

5. 车身尺寸测量

承载式车身的修复通常以拉拔技术为主。在修复过程中，由于未能及时测量或测量得不准确，可能导致板件被过度拉拔，被过度拉拔的板件必须更换，想通过推压使被拉长的金属板件缩短是不可能的；而过多的反复拉拔会造成车身钢板的疲劳，降低钢板的强度。因此，修

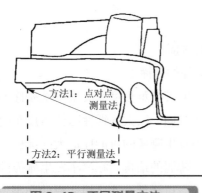

图 8-45 不同测量方法

复时必须不断地对车身进行测量，监控尺寸的恢复情况，避免发生不可逆转的损坏。

1）常用测量工具、设备

车身尺寸以零部件的安装孔中心、工艺定位孔中心和板件的轮廓边缘作为测量基准，用于测量的点称为测量基准点。为适应不同的需要，车身尺寸数据通常以两种方法进行标注，一种是两点之间的直线距离，又称点对点测量法，如图 8-45 中方法 1 所示；另一种是两点相对于某一平面的投影距离，又称平行测量法，如图 8-45 中方法 2 所示。测量时需根据具体标注方法选择合适的测量工具，并以对应的方法进行测量。维修作业中常用的测量工具和设备有卷尺、轨道式量规、机械式通用测量系统（米桥测量系统）。

（1）卷尺：通常用于测量两点之间的直线距离。当两测量孔的直径相等时，两孔边缘的距离（L_1）就是两孔中心间距（L），使用卷尺可以方便地测量出两孔边缘的距离，如图 8-46 所示；当两测量孔的直径不相等时，用肉眼读出孔中心的刻度可能有较大的误差，可分别测出两孔内侧边缘距离（L_1）和外侧边缘距离（L_2），再通过简单计算可得出两孔中心间距（L），计算方法为：$L=(L_1+L_2)/2$，如图 8-47 所示。

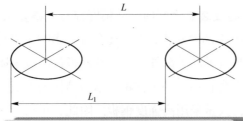

图 8-46 孔径相同时的测量方法 $L=L_1$

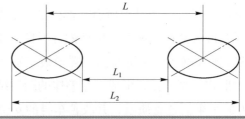

图 8-47 孔径不同时的测量方法 $L=(L_1+L_2)/2$

（2）轨道式量规：有一根轨道和两根带锥形测量头的测量指针，指针由滑座垂直安装在轨道上，滑座上的紧固螺钉可将滑座固定在轨道上的任何位置，指针在滑座上也可调整伸出长度，如图 8-48 和图 8-49 所示。轨道式量规通常用于测量两点相对于某一平面的投影距离。由于车身尺寸的测量和标注方法不同，有些尺寸不能用卷尺进行点对点直线测量，否则测量获得的数据不能与标准数据进行有效对比。

（3）机械式通用测量系统：图 8-50 所示为车身矫正平台和机械式通用测量系统，由导轨尺、横尺、车身上部测量立尺、标尺筒和各种测量头组成。使用时导轨尺沿车身长度方向安装在车身下；横尺通过滑座安装在导轨尺上，两者在水平面上相互垂直，横尺可在导轨尺上前后水平移动调整长度位置；标尺筒通过固定器安装在横尺上，如图 8-51 所示，两者在铅垂面上相互垂直，固定器可在横尺上左右水平移动调整宽度位置；标尺可在标尺筒内自由伸缩调整高度位置。当测量头与基准点正确接触时，可在导轨尺、横尺和标尺上分别读取到该基准点的长度、宽度、高度数据。

图 8-48 轨道式量规

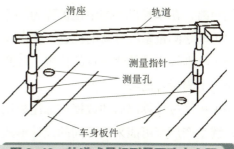

图 8-49 轨道式量规测量两孔中心距

图 8-50 车身矫正平台和机械式通用测量系统

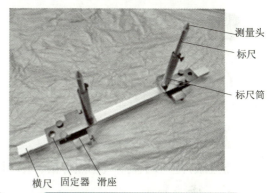

图 8-51 标尺筒的安装

2）车身测量原理

车身是立体结构，各测量点在空间中并不处于同一平面，以三维尺寸（长、宽、高）才能更准确地表达各点之间的位置关系。车身原始尺寸是在车身与测量基准面平行且车身中心面与测量系统中心线对齐的情况下进行测量的，一般设定两对点作为车身测量时的定位基准，并以此基准来标注其他各点的空间位置，如图 8-52 所示。测量设备生产厂家根据设备特征对完好的车身进行测量，再将各测量点的基本特征、所使用的量头型号、搭配方式和三维数据等信息制成图纸，表示车身在正常状态下各点的空间位置。数据图主要对车身底盘的关键点进行数据标注，因为只有当这些尺寸被修复到位以后，车身才能满足稳定行驶这一最基本的要求。

（1）高度：基准面是一个与车身底板平行并与其有固定距离的假想面，是对所有车身基准点进行高度尺寸测量的参照面。基准点的高度尺寸实际是该点与基准面之间的垂线距离。

（2）宽度：中心面是将车身分为左右对称两个部分的假想面，是对所有车身基准点进行宽度尺寸测量的参照面。基准点的宽度尺寸实际是该点与中心面之间的垂线距离。

（3）长度：零平面是垂直于基准面和中心面的两个假想平面，将车身分为前、中、后三个部分（即前、后吸能区和乘员区），是对所有车身基准点进行长度尺寸测量的参照面。基准点的长度尺寸实际是该点与零平面之间

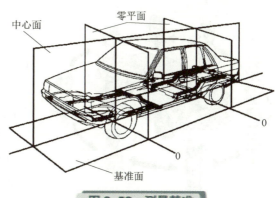

图 8-52 测量基准

的垂线距离，在车身尺寸图中也被称为零点。

（4）调整测量系统导轨的位置，使车身与测量系统中心线对齐。

（5）分别找到其他测量点的位置，按照图纸提示选用对应的测量附件正确安装。测量并记录每一个测量点的实测数据。

（6）将经过计算以后的数据与标注数据对比，确定各基准点的变形量与变形方向。不同测量系统生产厂家可能采用不同的设计形式，以至于车身数据图的标注方式、尺寸数据也会不同，所以不同厂家的测量系统和数据图不能混用。

任务实施

（一）作业准备

1. 工具

常规敲打整形工具、气动点焊钻、气动切割锯、气动铲、气动开孔器、打磨工具、大力钳。

2. 防护用品

工作服、工作鞋、工作帽、线手套、防尘口罩、护目镜、耳塞。

3. 实训器材

车身测量系统、车身矫正设备、等离子切割设备、二氧化碳气体保护焊机、电阻点焊机。

（二）操作步骤

1. 工作前准备

（1）车辆进入修理工位前，将工位清理干净，准备好相关的工具和材料。

（2）将车辆停驻在修理工位上。

（3）将变速杆置于空挡或驻车挡（P挡）；拉起驻车制动器操纵杆。

（4）套上转向盘套、座椅套、变速杆手柄套、驻车制动器操纵杆套，铺设脚垫。

（5）操作前应做好个人防护工作。

（6）将维修需要的工具摆放到工作台上合适的位置；将设备移动到待修部位附近，以便于操作时随时取用。

图 8-53 围绕车身进行整体观察

（7）大致评估损伤范围：围绕车身进行整体观察，如图8-53所示，检查覆盖件之间的配合间隙，从碰撞点开始，逐一记录变形部位。

（8）车辆准备：拆卸车身前部保险杠、翼子板、发动机罩等影响操作的零部件，发动机、变速器、悬架系统、电气设备及相关线束交机电维修组拆卸。将车身安装到矫正平台的中心位置，顶起车身，用四个主夹具夹紧车身中部裙边，如图8-54和图8-55所示。安装以后，使车身与平台大致平行。

图8-54 夹持车底裙边

图8-55 四点固定

2. 规范的修复操作程序

1) 车身测量

（1）将导轨尺放入车身底部，观察导轨尺与车身的相对位置，调整两者中心线大致对齐，如图8-56所示。

（2）对照车身数据图在车身上寻找前后零点作为定位基准点（也可选择两对没有变形的基准点作为定位基准），将两根横尺安装到导轨尺上，分别移动至基准点下方。

（3）目测基准点与横尺间的垂线距离，选择合适的标尺筒，如图8-57所示，安装到四个固定器上；按照车身数据图提示选择对应的测量头，如图8-58所示，安装于标尺顶端。调整横尺和固定器的位置，使标尺升高以后与基准点充分接触，如图8-59所示。

图8-56 调整导轨尺与车身中心线大致对齐

图8-57 标尺筒

（4）在标尺上读取前后零点的高度数据，按照前后零点原始数据的高度差将车身调整至合适高度，使车身基准面与测量系统平行。数据图中前后零点原始高度数据分别为

268mm 和 377mm，两者差值为（377-268）mm=109mm，即后零点比前零点高 109mm 时车身基准面处于水平位置。工作中可将车身平行调整（升高或降低）至便于操作的高度，如将车身整体升高 100mm，后续任何基准点的实测高度数据都应减去 100mm 再与原始高度数据进行比较。

（5）在横尺上读取前后零点的宽度数据，将导轨尺向读数大的一侧移动，直至两对零点左右两侧的宽度读数分别一致，此时，车身与测量系统中心面对齐。

（6）对照车身数据图测量其他基准点的三维数据，期间不得移动车身和导轨尺，否则需按照上述步骤重新调整。

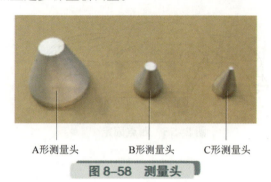

图 8-58 测量头　　图 8-59 升高标尺与基准点充分接触

经观察与测量，该车身除前部受损以外，车身中后部均无明显变形，各覆盖件配合间隙良好，功能正常。右前纵梁变形量较小，吸能区无明显褶皱可修复；左前纵梁、前翼子板内板及其加强板吸能区有明显褶皱，需整体更换；散热器框架损坏严重，需更换。

2）损伤分析，制定维修方案

由于承载式车身是刚性的整体结构，碰撞后也会产生更复杂的变形，较薄的钢板也不能承受反复变形，修复工作最好一次到位。因此，按照材料、车身结构及变形特征制定合理的维修方案是修复承载式车身的重要环节。即使是在相同条件下，碰撞产生的变形也可能会有很大差异，具体修复程序也不会完全一样，但制定维修方案的基本原则是相同的。

（1）反向拉拔。由较小的碰撞力造成的轻微车身变形，按照反向拉拔原则进行维修，将会产生良好的修复效果。当车身受到的撞击力较大，车身有较大变形时，由于承载式车身由许多大小、形状、厚薄各异的成形板件彼此连接构成，碰撞力能够按照设计路线传递，拉拔力也会对相互连接的板件产生不同影响，设定拉拔方向时，应以反向拉拔原则为主，按实际情况对拉拔方向稍做调整，在相关板件都产生恢复性变形的同时避免产生新的变形。

（2）先进后出。修复过程中，拉拔力不仅仅对拉拔点产生影响，而是对整个碰撞力的传递路线产生影响。直接碰撞点变形量越大，硬化程度越高，如果先修复直接碰撞点，就需要较大的拉拔力，必然会影响到碰撞力传递路线上其他的变形部位，甚至会使得其他部位被拉拔过度或被撕裂。所以先修复后产生的变形，后修复先产生的变形。对于车身整体结构来说，修复程序应由下至上、由内至外，并按照长度、宽度、高度的顺序来矫正每一处变形。

3）拉拔矫正

（1）用气动点焊钻去除焊点并将散热器框架从纵梁上拆卸下来，如图8-60所示。两个前纵梁都发生了变形，分开矫正两个前纵梁之间的刚性连接更便于矫正操作，如图8-61所示。

图8-60　点焊钻分离散热器框架

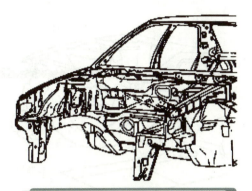

图8-61　拆下散热器框架后的车身

（2）对照车身数据图对右前纵梁进行测量、拉拔矫正。

①将拉塔柱移动至合适的位置，确保拉拔方向基本正确，妥善固定拉塔柱，如图8-62所示。

②选择合适的夹具对纵梁前端进行夹持。必要时对相关部位进行多点夹持，多点同时拉拔时，板件可承受更大的拉拔力，分散受力还能避免板件被撕裂。图8-63所示为前纵梁与减震器座同时拉拔，图8-64所示为对前纵梁进行多点同时拉拔。

图8-62　拧紧螺杆、固定拉塔柱

图8-63　前纵梁与减震器座同时拉拔

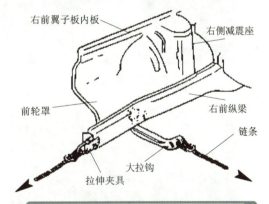

图8-64　对前纵梁进行多点同时拉拔

> ⚠ 注意事项
>
> 图8-64中箭头所指为纵梁弯曲内侧的轻微褶皱，由于承载式车身纵梁是中空的箱形梁，应将前方夹具夹在有褶皱的一侧进行拉伸，这样有利于褶皱恢复平直。

③将链条连接到夹具上,用保险绳连接车身、夹具和链条,防止拉拔时板件断裂造成链条和夹具甩出伤人,如图 8-65 所示。钩挂链条前应将链条理顺,链条受力时每一节链环都不允许扭转,如图 8-66 所示。

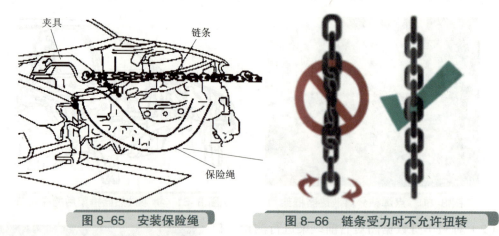

图 8-65　安装保险绳　　　　　图 8-66　链条受力时不允许扭转

④调整导向环高度,使链条的拉拔方向符合板件恢复方向的要求,如图 8-67 所示;顺时针旋转,拧紧导向环手轮,如图 8-68 所示;检查导向环夹齿与链条是否正确啮合,如图 8-69 所示。

图 8-67　调整导向环高度　　　　图 8-68　顺时针旋转,拧紧导向环手轮

图 8-69　导向环夹齿与链条正确啮合

⑤操作塔柱液压控制装置进行拉拔,常用的液压泵有电动、脚踏式气动和手动三种,如

图 8-70~图 8-72 所示。边拉拔边观察板件的恢复情况，必要时应调整拉拔方向。拉拔时塔柱背面严禁站人，一旦板件被撕裂，可能会向后甩出伤人。

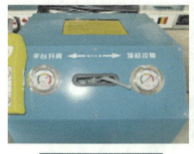 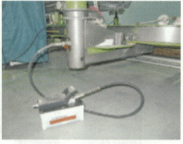 

图 8-70 电动液压泵　　　　图 8-71 脚踏式气动液压泵　　　　图 8-72 手动液压泵

⑥当链条开始受力时，需逆时针旋转，松开导向环手轮，如图 8-73 所示。当板件受力过大撕裂时，导向环的自重可将松动的链条向下压，也可降低链条甩出伤人的可能性。修复过程应按照拉伸→保持拉力（消除应力）→卸力、测量→再拉伸的方式进行多次拉拔，还需不断进行测量，控制修复尺寸。当拉拔力在足以克服材料的弹性极限时，才能使其产生变形，解除拉拔力以后，板件还会产生一定量的回弹，为了抵消金属的弹性作用，拉拔时应有少许的过量，但绝对要避免过度拉拔。残余应力会造成板件持续、缓慢变形甚至开裂，板件受力的同时对应力变形区进行小力度的弹性敲击，有利于消除内应力，使板件恢复状态。尽量修复看得见的每一处微小变形，因为每一处变形都是整体结构中的应力集中区，会直接影响结构的整体强度。

（3）更换左前纵梁、前翼子板内板及其加强板。

①利用需更换部位作为拉拔夹持点，采取相同方法修复与左前纵梁相关的部分，使需保留部位恢复原始尺寸，这样做有利于相关板件整体复原。为便于夹持和拉拔，可先在需更换区域进行粗略切割，将影响操作的部分拆卸下，如图 8-74 所示。

 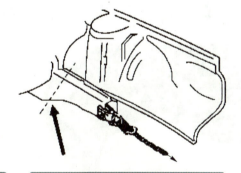

图 8-73 逆时针旋转并松开导向环手轮　　　　图 8-74 粗略切割后拉伸

> ⚠ **注意事项**
>
> 图 8-73 中箭头所指为前纵梁更换时的最终切割缝，粗略切割后保留一部分作为拉伸时的夹持点，待需保留部分完全修复后再在最终切割线上进行精确切割。

②用气动点焊钻去除焊点将翼子板内板拆卸下来，如图8-75所示。有些焊点被防石击涂料遮盖，可用气动砂轮配合钢丝刷轮清除，如图8-76所示。若焊点轮廓不清晰，可用小锤将錾子轻轻敲入板件夹层，当板件被撑开一定缝隙以后，焊点轮廓就能够显现出来，如图8-77所示。

③用气动点焊钻去除焊点将翼子板内板加强板拆卸下，焊点位置如图8-78所示。

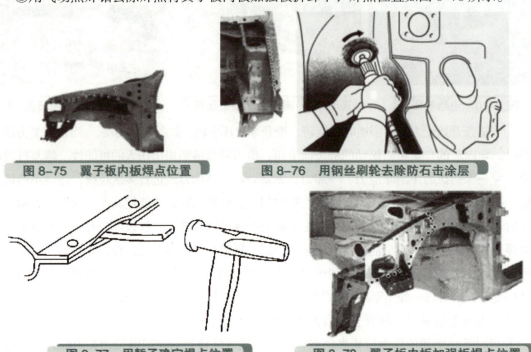

图8-75　翼子板内板焊点位置　　图8-76　用钢丝刷轮去除防石击涂层

图8-77　用錾子确定焊点位置　　图8-78　翼子板内板加强板焊点位置

④用气动点焊钻去除左前纵梁焊点，焊点位置如图8-79所示。

⑤用东风雪铁龙专用工具9506-T（爱丽舍前纵梁划线模板）在车身前纵梁根部划线，如图8-80所示，用气动锯切割。切割时保留的加工余量为20mm，如图8-81所示。

 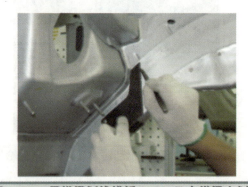

图8-79　左前纵梁焊点位置　　图8-80　用纵梁划线模板9506-T在纵梁上划线

⑥用东风雪铁龙专用工具9506-T在新备件上划线，用气动锯切割，如图8-82所示。

⑦将新板件安装到车身上，用大力钳简要固定后进行三维测量，调整新件直至各基准点符合原始尺寸。必要时重新打磨接口，使新旧件接口缝隙达到2~3倍板厚度，接缝内部衬板如图8-83所示。

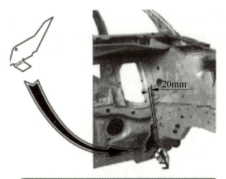
图8-81 保留20mm的加工余量

图8-82 用东风雪铁龙专用工具9506-T在新备件上划线

⑧拆下新板件,处理板件贴合边:清除接口毛刺;清除焊缝和贴合处漆面;根据焊接要求标记焊点位置,用气动开孔器加工塞焊孔;在焊缝和贴合边内层喷涂导焊锌喷剂,如图8-84和图8-85所示。

⑨将纵梁接缝衬板安装到车身上,焊接各塞焊点。

图8-83 接缝内部衬板

(4)车身安装。

①重新安装新纵梁,并进行测量、定位,按照工艺要求进行焊接。

②按照上述程序安装翼子板加强板及翼子板内板新件,用大力钳简要固定后安装翼子板和发动机罩,检查、调整各覆盖件之间的装配间隙,如图8-86和图8-87所示。待所有相关覆盖件间隙都符合要求以后,按照工艺要求进行焊接。

图8-84 接缝内部衬板焊前防腐

图8-85 板件贴合边焊前防腐

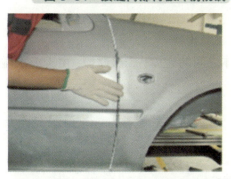
图8-86 检查前门与前翼子板缝隙

图8-87 检查前翼子板与发动机罩缝隙

③按照上述程序安装散热器支架，按照工艺要求进行焊接。
④对车身进行整体测量，获得修复后的车身数据，处理因焊接热量可能会造成的变形。

4）防腐、密封处理

（1）打磨焊缝，进行必要的防腐处理。
（2）在板件之间的搭接缝上涂刮钣金密封胶，如图8-88所示。
（3）在规定区域喷涂防石击涂料，如图8-89所示。
（4）清洁工位，如图8-90所示。

图8-88 涂装钣金密封胶

图8-89 喷涂防石击涂料

图8-90 清洁工位

⚠ **注意事项**

良好的工作环境能使人们感到愉悦，也有利于安全操作和提高工作效率。

学习小结

1. 车身结构类型

车身接结构类型可分为两类。
（1）非承载式车身。
（2）承载式车身。

2. 碰撞解释

一次碰撞：发生交通事故时，汽车与其他物体之间的碰撞；二次碰撞：由于一次碰撞而引发的车内乘员与车内部件的碰撞。

3. 车身修复要求

承载式车身修复后应满足下列要求。
（1）车身各部位都应恢复原始尺寸，误差必须≤±3mm。
（2）结构性板件必须恢复其原始状态，以抵御可能发生的再次撞击。

（3）不能改变吸能区的强度。

任务评价

操作考核评价表见表8-2。

表8-2 操作考核评价表

考核项目	评分标准	分数	学生自评	小组互评	教师评价	备注
团队合作	是否和谐	5				
活动参与	是否积极主动	5				
任务方案	是否正确、合理	15				
安全生产	有无安全隐患	10				
操作过程	（1）承载式车身结构件的矫正；（2）承载式车身结构件的更换	30				
任务完成情况	是否圆满完成	5				
工具使用情况	是否规范标准	10				
劳动纪律	是否严格遵守	5				
现场"5S"管理	是否做到	10				
工单填写	是否完整、规范	5				
总 分		100				
教师签名		年　　月　　日			得分：	

参考文献

[1] 林育彬，臧联防，王林. 汽车钣金工艺 [M]. 北京：人民交通出版社，2017.
[2] 夏坤，黄靖淋. 汽车车身钣金修复技术 [M]. 北京：人民交通出版社，2013.
[3] 陈勇. 汽车车身修复技术 [M]. 北京：国防工业出版社出版，2015.
[4] 姜勇. 汽车车身修复技术 [M]. 北京：电子工业出版社出版，2010.
[5] 林育彬. 汽车钣金理实一体化教材 [M]. 北京：人民交通出版社，2013.